한 권으로 끝내는
노자의 인간학

ROUSHI NO NINGEN-GAKU

by Hiroshi Moriya

Copyright ⓒ 2002 by Hiroshi Moriya
All rights reserved
Original Japanese edition published by President Inc.
Korean translation rights arranged with President Inc.
through Japan Foreign-Rights Centre/EntersKorea Co., Ltd.
Korean translation copyrightⓒ 2005 by Book Publishing-CHUNGEORAM

이 책의 한국어판 저작권은
(주)엔터스코리아 / Japan Foreign-Rights Centre 를 통한
일본의 President Inc.와의 독점 계약으로
도서출판 청어람이 소유합니다.
신 저작권법에 의하여 한국 내에서 보호를 받는 저작물이므로
무단전재와 무단복제를 금합니다.

| 중국편 |

Classic Collection

한 권으로 끝내는
노자의 인간학

한 권으로 끝내는 노자의 인간학

초판 1쇄 찍은 날 § 2005년 12월 1일
초판 1쇄 펴낸 날 § 2005년 12월 11일

지은이 § 모리야 히로시
옮긴이 § 장선연
펴낸이 § 서경석

편집장 § 오태철
편집 및 디자인 § 정은경

펴낸곳 § 도서출판 청어람
등록번호 § 제1081-1-89호
등록일자 § 1999. 5. 31
어람번호 § 제3-0040호

주소 § 경기도 부천시 원미구 심곡1동 350-1 남성B/D 3F (우) 420-011
전화 § 032-656-4452 팩스 § 032-656-4453
http://www.chungeoram.com
E-mail § eoram99@chollian.net

ⓒ 모리야 히로시, 2005

ISBN 89-5831-811-2 03820

※ 파본은 본사나 구입하신 서점에서 교환하여 드립니다.
※ 저자와 협의하여 인지를 붙이지 않습니다.

'도'는 자신의 움직임이나
공적을 내세우지 않는 겸손,
어떤 상황에서도
자연스럽게 대응할 수 있는 유연성,
무위(無爲), 무심(無心), 무욕(無慾),
소박함, 조심스러움 등 뛰어난 덕을 몸소 보여준다.

| 목차 |

머리말 | 역풍을 헤쳐 나가다. 인간학의 보고   ...10

제1장 | 유연한 삶   ...13
1. 만물의 근원에는 '도'가 있다
2. 상대적인 차이에 얽매이지 말라
3. '도'의 움직임은 무한하다
4. 물의 존재 방식에서 배운다
5. 자기만 내세우면 어떻게 될까?
6. 때로는 시치미를
7. 약하고 부드러운 것이 강하고 딱딱한 것을 이긴다

제2장 | 명쾌한 삶   ...57
1. 공수신퇴(功遂身退)는 하늘의 도

2. 선을 행하는 자는 흔적을 남기지 않는다
3. 무심(無心)하고 소박하라
4. 병기는 확실치 못한 그릇
5. 만족을 알면 위협도 없다
6. 하늘의 도는 늘 좋은 사람과 함께
7. '소국과민(小國寡民)'이 바로 이상적인 사회

제3장 | 열심히 사는 삶 ...101

1. '무'가 있기에 '유'도 있다
2. 세속을 유유자적하게
3. 굽히면 온전해진다
4. 뺏고 싶으면 일단 주어라
5. 모두 없앤 후에야 '무위'에 도달한다
6. 이것이 열심히 살아가는 지혜다

| 목차 |

    7. '싸우지 않는 덕'을 기르라

제4장 | 힘차게 사는 삶   ...145
    1. 자신을 내세우지 말고 숙이라
    2. 이것이 이상적인 인간상이다
    3. 스스로 아는 자가 되라
    4. 큰 사각형은 모서리가 없고 큰 그릇은 늦게 이루어진다
    5. 어린아이가 바로 이상이다
    6. 성공하기 위한 마음가짐
    7. 감히 도전하는 용기

제5장 | 대범한 삶   ...189
    1. 대도를 없애면 인의가 된다
    2. 지식에 얽매이지 않으면 고민도 생기지 않는다

3. 정말로 교묘한 것은 치졸하게 보인다
4. 문밖으로 나서지 않아도 세상을 안다
5. '무위'에 철저하라
6. 싸움을 먼저 걸지 말라
7. 진실한 말은 꾸밈이 없다

제6장 | 지도자의 삶　　　　　...231

1. 이것이 이상적인 지도자다
2. 옳은 것은 그른 것이 되고 선은 악이 된다
3. 대국을 통치하는 것은 생선을 요리하는 것과 같다
4. 겸손하므로 지지받는다
5. 이것이 지도자의 보물이다

머리말

역풍을 헤쳐 나가다
인간학의 보고

지금, 왜 노자인가

『노자』라는 고전은 모두 5,005자, 81개의 짧은 문장으로 이루어져 있다. 누가 쓴 것인지는 알려지지 않았고, 지금으로부터 2천 수백 년 전 같은 사상을 가진 여러 사람이 100년 정도의 세월에 걸쳐 쓴 것이라는 추측만 있을 뿐이다.

그 내용은 확실한 처세술의 지혜뿐만 아니라 철학, 정치, 병법에 이르기까지 많은 분야를 다루고 있다. 그 특징은 만물의 근원에 있는 '도'를 인식하고, 모든 논지를 '도'로부터 펼쳐 나간다는 점이다.

『노자』에 의하면 '도'는 만물을 이루는 근원적인 존재다. '도'는 외부 세계에서는 폭넓게 움직이면서도 자신에게는 항상 잠잠하다. 이것은 눈에 보이거나 귀에 들리지 않는다. 어떤 의미에서 '무'라고도 할 수 있다. 그러나 '도'는 확실히 존재한다.

'도'는 자신의 움직임이나 공적을 내세우지 않는 겸손, 어떤 상황에서도 자연스럽게 대응할 수 있는 유연성, 또한 무위(無爲), 무심(無心), 무욕(無慾), 소박함, 조심스러움 등 뛰어난 덕을 몸소 보여준다. 그래서 사람들도 '도'를 지니고 이러한 덕들을 지닐 수 있다면 삼엄한 현실을 헤쳐 나갈 수 있다고 주장한다.

물론, 중국이 대륙이었기에 조용하게 타이르는 듯한 이 말이 가능했다고 볼 수 있다.

그렇다면 현대 사회에는 어떻게 적용할 수 있을까?

오늘날 사회에서 가장 큰 문제는 경제와 정치의 혼란이라 할 수 있다. 그러나 그보다 더 큰 문제는 우리의 심신 모두가 너무나 약해져 있다는 점이다. 당장 힘들다고 쉽게 약해져 버리는 모습을 많이 볼 수 있다.

이렇게 되면 이토록 삼엄한 현실 속에서 살아남기 힘들다.

그래서 『노자』다.

이 고전에는 강인한 잡초의 정신과 유연한 삶의 방식이 나와 있다. 현대를 살아가는 우리도 그런 삶의 방식을 『노자』에서 배울 수 있지 않을까. 아니, 꼭 배워야 한다는 마음에서 이 책을 집필해 보기로 했다.

원래 『노자』는 81개의 구로 구성되어 있는데 이 책에서는 그 중 주요 41개 항목만을 골라 필자 나름의 해설을 곁들여 소개했다. 이 책을 6장으로 나눈 것은 어디까지나 편의상 그렇게 한 것이지 특별한 의미는 없다.

또한 『백서(帛書) 노자』를 주로 참고하여 일반적으로 통용되는 책들과는 표기 글자상에 약간의 차이가 있음을 밝혀둔다. 많은 사람들이 이 책을 읽고 '도'를 실천적인 인생의 지혜로 활용하기 바란다.

—모리야 히로시

유연한 삶

1. 만물의 근원에는 '도'가 있다

【해독】

도를 도라고 하면 참다운 도가 아니요, 이름이라 이르는 이름은 참다운 이름이 아니다.

도에는 원래 이름이 없다. 무(無)는 천지 만물의 시작이요, 유(有)는 천지 만물의 근원이다.

만물의 실체를 파악하려면 항상 무욕(無慾) 상태를 유지해야만 한다. 욕망에 사로잡히면 현상밖에 볼 수 없기 때문이다.

실체든 현상이든 그것은 원래 '도'라는 근원에서 생겨났고, 단지 그 이름만 다를 뿐이다.

'도'는 어디까지나 영묘(靈妙)한 존재이며, 그것에서 삼라만상이 출발한다.

【직역·원문】

말로 표현할 수 있는 도는 영원불변한 도가 아니다. 이름이라고 할 수 있는 이름 역시 영원하지 않다. 무는 천지의 시원을 일컬음이요, 유는 만물의 근원을 일컬음이다. 그러므로 영원한 '무' 속에서 그 오묘함을 볼 수 있고, 영원한 '유' 속에 그 오묘함이 펼쳐져 있다. 이 두 가지는 함께 나왔으나 이름이 다르니 모두 일컬어 현묘함이라고 한다. 현묘하고도 또 현묘한 것이 모든 만물의 문이다.

道可道也, 非恒道也. 名可名也, 非恒名也. 無名萬物之始也. 有名万物之母也. 故恒無欲也, 以觀其妙, 恒有欲也, 以觀其所. 兩者同出, 異名同謂. 玄之又玄, 衆妙之門. (제1장)

* 噭(교): 원래는 큰 소리로 부르짖는 것을 의미. 여기서 파생된 의미로, 밖으로 나타나는 것을 가리킴.

【언소】

'도'는 '무(無)'라고 할 수밖에 없다

『노자』사상은 '도'에 근거를 두고 있다. 그러므로 이것을 확실히 파악하지 못하면 『노자』의 가르침을 이해할 수 없다.

그 '도'는 '길'이라고 읽어도 상관없다. 중국어로는 '다오(DAO)', 영어로는 '타오(TAO)'라고 읽기도 하지만, 그 방법은 아무래도 괜찮다.

그렇다면 '도'란 과연 무엇일까?

'도'라는 글자의 원래 의미는 사람이 걸어 다니는 길을 말하는데 거기에서 여러 가지 의미가 파생되었다. 예를 들어 노정이라든가 방법, 법칙이나 도리라는 뜻으로 쓰이고, 사람이 지켜야 할 도덕 규범이라는 의미로도 사용된다.

그러나 『노자』에서 말하는 '도'는 위에 열거한 어떤 것과도 관계가 없다.

앞서 소개한 바와 같이 『노자』에서는 "이것이 '도'라고 설명할 수 있는 도는 참된 도가 아니다"라고 말한다. 즉, "내가 말하는 '도'는 하찮은 도와는 다르다"는 뜻이다.

그렇다면 『노자』에서 말하는 도는 무엇일까?

굳이 말하자면 다음 두 가지로 정리할 수 있다.

- 만물의 근원에 존재하는 보편적인 실체.
- 만물의 운동을 지배하는 근본적인 원리.

그러나 이렇게 말해서는 너무 추상적이어서 그 의미가 확실하게 다가오지 않는다. 사실 『노자』에서는 '도'를 여러 가지 각도에서 설명하고 있다. 이해를 돕기 위해 몇 가지 살펴보자.

- 하늘과 땅이 생겨나기 전에 일련의 혼돈이 존재했다. 그것은 소리도 없고, 형체도 없으며, 다른 무엇에도 의존하지 않는 존재였다. 이것이 바로 천지의 어머니다. 그 이름조차 모르므로 임의로 '도'라 칭하기로 했으며, 굳이 이름을 달리 말하면 '큰 것'이라고 할 수도 있다(제25장).
- '도'란 희미한 존재에 지나지 않는다. 희미한 그 속에 어떠한 형체와 실체가 있다. 그 깊숙한 곳에 미묘한 에너지가 감추어져 있다. 그 에너지가 확실히 실재한다는 것은 의심할 여지가 없다(제21장).
- '도'는 형체가 없는 환상이 아니라 끊어지지 않고 지속된다. 그저,

'무' 라고 말할 수밖에 없다. 형체가 없는 것, 형상이 없는 것이라고도 할 수 있으며, 어렴풋한 상태라고도 할 수 있다. 앞에서 보아도 뒤에서 보아도 그 모습을 알 수가 없다(제14장).

- '도' 는 천지간의 모든 곳을 떠돌아다닌다. 커다란 일을 이루어도 자랑하지 않고 만물이 귀복(歸服)한다 해도 으스대지 않는다. 이처럼 항상 무욕의 상태를 유지하니, 도는 작다고도 할 수 있다. 그러나 만물이 귀복해도 잘난 체하지 않으니, 도는 크다고도 할 수 있다(제34장).

잘 알 수 없어도

계속 예를 들자면 한이 없기에 이쯤에서 인용을 마친다. 그러나 이런 설명을 들어도 막막하기란 마찬가지일 것이다. '그런 게 있을 수가 없지' 라고 생각하는 사람도 있겠지만『노자』에 따르면 '도' 는 확실히 있다. 우리는 '욕심에 사로잡히면 볼 수 있는 것도 못 본다' 라는 말을 자주 한다. 그런데 특히 '도' 는 더욱 보기가 어렵다. 노래 가사 중에 '귀를 기울여 잘 보세요' 라는 구절이 있는데 그렇게 하면 어렴풋한 '도' 의 실체도 조금은 보일지 모른다.

끝까지 '그런 것이 있을 수 없다' 고 부정한다면 더 이상 이야기를 진전시킬 수 없다. 일단 '도'가 있다 가정하고 이야기를 시작해 보자.

도대체 '도'는 어떠한 작용을 하는 것일까? 인간과 어떤 관계가 있을까? 또 '도'가 존재하는 방식에서 무엇을 배울 수 있을까?

『노자』가 설파하는 이야기에 귀를 기울여 보자.

2. 상대적인 차이에 얽매이지 말라

【해독】

 인간이 느끼는 미(美)는 사실 추(醜)에 지나지 않는다. 선(善)이라 여겨지는 것도 사실은 악(惡)에 지나지 않는다.
 또한 유(有)가 있기에 무(無)가 있고, 어려움이 있기에 쉬움도 존재하며, 장(長)이 있으면 단(短)이 있기 마련이고, 고(高)가 있어야 저(低)도 있는 것이다. 음(音)이 있기에 성(聲)이 존재하며, 전(前)이 있기에 후(後)가 있다. 이는 모두 상대적인 구별에 지나지 않는다. 이것은 불변의 진리다.
 그러므로 도를 깨달은 사람은 모든 것을 있는 그대로 받아들이며, 아는 척하지 않고, 만물을 자연의 섭리에 맡기며, 구태여 손을 대지 않는다. 자신의 힘을 빌려주더라도 그 대가를 바라지 않으며, 공적을 세우더라도 잘난 체하지 않는다. 그러므로 언제까지나 그 지위를 잃어버리지 않는다.

【직역 · 원문】

온 세상의 미를 모두 아름다움으로 알지만, 이것은 추악하다. 온 세상의 선한 것을 모두 좋은 것으로 알지만, 사실은 악한 것이다. 그러므로 있음과 없음은 서로 존재하는 것이요, 어려움과 쉬움은 함께 이루어지는 것이며, 긴 것과 짧은 것은 서로 모양을 이루고, 높은 것과 낮은 것은 서로 기대어 있는 것이요, 음과 성은 서로 조화를 이루는 것이요, 앞과 뒤는 서로 따르는 것이다. 만물은 바로 거기서 생겨나며 사양하지 않으니, 생성시키면서도 소유하지 않고, 하면서도 뽐내지 않으며, 공을 이루고서도 머무르지 않는다. 이렇듯 연연해하지 않으므로 영원히 사라지지 않는다.

天下皆知美之爲美, 惡已. 皆知善, 斯不善矣. 有無之相生也, 難

易之相成也, 長短之相形也, 高下之相盈也, 音聲之相也, 先後之相隨, 恒也. 是以聖人居無爲之事, 行不言之敎. 萬物作而弗始也, 爲而弗恃也, 功成而弗居也. 夫唯弗居, 是以弗去.(제2장)

【언소】

현상에 사로잡히면

『노자』에 따르면 '도'는 어떤 것에도 의존하지 않는 존재이며, 굳이 그 이름을 붙이자면 '큰 것'이라고 부른다.

자신이 '도'가 되어 인간이 살아가는 모습을 보면 어떨까? 상상력을 발휘해서 생각해 보면 분명히 모든 것들은 아주 작게만 느껴질 것이다.

예를 들어 우주선을 타고 우주를 비행하며 이 지구를 내려다본다고 생각해 보자. 눈에 보이는 지구는 구형의 작은 물체일 뿐이다. 그 속에 크고 작은 200여 개의 나라가 서로 자기 이익만 주장하고 시비를 따지며 싸우고 있다. '아, 이렇게도 작은 곳에서!' 라는 탄식이 절로 나올 만도 하다. '도'가 되어 인간이 살아가는 모습을 볼 때도 이와 같다.

『노자』에 따르면 미와 추, 장과 단, 고와 저, 전과 후 등의 차이는 모두 상대적이며 눈에 드러나는 차이일 뿐이지, 본질적으로는 똑같다고 본다. 지금은 아름다울지라도 언제 그것이 추악하게 변할지 모르며, 현재 높더라도 언제 낮아질지 모른다. 그러므로 이들의 차이는 절대적이라고 할 수 없다.

결국 무엇이든 그 본질은 찾아보기가 힘들다. 눈에 띄는 것은 바깥으로 드러나는 현상일 뿐이다. 사람들은 눈에 띄는 것에 사로잡히는 오류를 범한다. 옛사람들도 그랬으며, 현재 우리도 그런 실수를 반복하고 있다.

『노자』의 사상을 이어받은 『장자』에 '조삼모사'라는 유명한 이야기가 있다. 어느 날 주인이 원숭이들에게 도토리를 주면서 이렇게 말했다.

"이제부터는 아침에 세 개, 저녁에 네 개를 주겠다."

원숭이들은 모두 화를 내기 시작했다. 그것을 보며 주인이 다시 말했다.

"미안하구나, 미안해. 그럼 아침에는 네 개, 저녁에는 세 개로 하자."

『장자』는 이 이야기를 통해 '실질적으로는 전혀 차이가 없음에도 어떨 때는 기뻐하고, 어떨 때는 화를 내는 이유는 다름 아닌 자신만의 편견에 사로잡혀 있기 때문이다'라는 교훈을 준다.

우리도 이러한 오류를 범하고 있지는 않은가. 원숭이들의 어리석음만을 비웃고 있을 수 없는 노릇이다.

『노자』가 말하는 것도 이와 같다.

'순역일시(順逆一視)'로 살아가라

『노자』에는 '성인'이라는 말이 자주 나온다. 보통 '성인'은 지덕(知德)이 뛰어난 이상적인 인간상을 뜻하는데 『노자』에서는 그 뜻이 조금 다르다. 즉, '도'를 깨우친 사람이 바로 '성인'이다.

이 책에 나오는 '성인' 역시 『노자』에서와 같은 의미다.

'도'를 깨우친 성인은 눈앞에서 일어나는 상대적인 차이에 사로잡히지 않는다. 그래서 모든 것을 있는 그대로 받아들이고, 아는 체를 하지 않으며, 만물을 자연이 성장하는 흐름에 맡기고 거기에 구태여 손을 대지 않는다.

성인이 살아가는 방식 중에서 특히 주목해야 할 것은 상대적인 차이에 사로잡히지 않는다는 사실이다. 그것은 자신이 '도'가 되어 생각하는 태도와 같다.

『채근담』에 '순역일시(順逆一視)'라는 말이 있다. 순경(順境)일 때든 그 반대인 역경(逆境)일 때든 어느 때나 한쪽에 사로잡혀 기뻐하거나 슬퍼할 필요가 없다는 의미다.

『노자』에서는 '도'를 깨우쳐야만 그렇게 살 수 있다고 말한다.

작은 것에 얽매이지 않고 유유히 자신의 길을 걸으며 살아가는 인생이야말로 최고라 할 수 있다. 그렇게 살아가려면 구태여 '도'가 아니더라도 무언가 '커다란 것'이 존재한다는 사실을 자각해야 한다. 그때 비로소 이상적인 삶의 방식에 한 걸음 더 다가갈 수 있으리라.

3. '도'의 움직임은 무한하다

【해독】

도는 형태가 없는 존재이지만 그 움직임은 무한하다. 측량할 수 없는 깊이 속에서 만물을 살게 하는 힘을 지니고 있다. 날카로움을 무디게 하고, 대립을 해소하며, 재능과 지혜를 세상에 맞춘다.

도는 실로 조용히 있는 것 같으나 그 존재만은 확실하다. 그러나 그것이 어디에서 왔는가는 알 수 없다. 어쩌면 천왕의 조상일지도 모른다.

【직역 · 원문】

도는 텅 비어 있지만 아무리 써도 마르지 않고, 깊은 연못처럼 만물의 으뜸이다. 날카로운 것을 꺾고, 얽힌 것을 풀며, 빛을 조화롭게 하며, 속세와 함께한다. 도는 항상 깊다. 나는 도가 누구의 아들인지는 모르지만 아마 황제보다 먼저 있었던 것 같다.

道沖而用之有弗盈也. 淵呵, 似萬物之宗. 挫其銳, 解其紛, 和其光, 同其塵. 湛呵, 似或存. 吾不知其誰之子也, 象帝之先.(제4장)

【언소】

뛰어난 재능을 숨겨두라

위 4장 역시 '도'가 가진 매력에 대해 이야기하고 있다. 한마디로 말하면 깊은 포용력이라고나 할까? '도'는 있는지 없는지 알 수 없을 정도로 조용히 있으나 사실은 그 속에 엄청난 에너지를 갖고 있다고 한다.

특히 4장은 '화광동진(和光同塵)'이라는 네 글자 때문에 더욱 유명해졌다.

'화광', 빛을 어우러지게 하는 것은 자신이 가진 빛, 즉 재능이나 지혜를 뽐내지 않는다는 의미다. 또한 '동진'은 '먼지와도 같게 한다'는 표현으로 세상과 맞추어 거만하게 굴지 않는다는 의미다.

앞서 서술한 바와 같이 '도'는 만물의 근원이므로 '도'가 없으면 만물은 살아 있을 수 없다. 그러한 커다란 움직임을 하면서도 자신은 '화광동진'의 자세를 가진다. 『노자』에서는 인간도 '도'와 같이 살아가기 위해 노력해야 한다고 말한다.

물론 재능이나 지혜를 가지는 것은 무척 행복한 일이다. 그러나 그것을 과시하면 주변의 반발을 살 수밖에 없다. 만약 본인의 상황이 좋을 때라면 주위에 자신의 세력이 있을 테고, 그 세력으로 반발을 제어할 수도 있다. 그러나 한번 상황이 안 좋아지면 세력을 잃고, 그때까지 쌓인 반발을 피할 수 없게 되며, 결국은 자멸하는 경우를 우리는 자주 본다.

젊을 때는 아직 인생 경험이 없으니 어느 정도 이해할 수 있다. 그러나 중년이 되어서도 여전히 자신의 재능이나 지혜를 과시하는 태도를 보이는 사람이 있다. 그러한 사람을 만날 때마다 나는 '정말 위험한데……'라는 생각을 금할 수 없다.

옛사람들도 소리를 크게 내는 것을 경계했다. 예를 들어 필자가 좋아하는 『신음어(呻吟語)』라는 중국 고전에서도 이에 관해 자주 언급된다.

- 재능은 열심히 닦아두어야 한다. 그러나 뛰어난 재능은 감추어두어야 한다. 옛날부터 화근은 십중팔구 머리가 좋은 인물이었다.
- 머리가 너무 좋으면 다른 사람들의 노여움을 산다. 그런데 사람들은 아무렇지도 않게 그것을 뽐낸다. 재능이 너무 많으면 다른 사람들의 질투를 산다. 그런데 사람들은 아무렇지도 않게 그것을 과시한다. 그래서는 자멸을 면치 못할 것이다.
- 성실한 사회인으로서 재능도 없고 학벌도 없다는 것이 자랑은 아니다. 그러나 재능도 있고 학벌도 있는 것 또한 큰 화의 근원이 될 수 있다.

모처럼 가지게 된 무기도 쓰는 방법을 모르면 오히려 자기를 죽이는 흉기가 될 수 있다. 『신음어』에서는 위와 같이 '비장의 무기는 함부로 휘두르지 말고 칼집에 넣어두는 것이 좋다'라고 말한다.

연극은 자연스럽게

"오늘날과 같이 없는 것도 있는 것처럼 포장하는 시대에 '동진'이라니……"라며 이해하지 못하는 사람들도 있으리라 생각된다. 그러나 이런 삶의 방식은 매우 매력적이다.

예를 들어 매우 뛰어난 재능을 가진 인물이 있다고 하자. 그런데 막상 일을 시켜보았더니 별 쓸모 없는 사람이라면 최악이다.

반대로 어떨지 잘 알 수 없고, 오히려 조금은 불안한 사람을 등용했는데도 일을 아주 잘하는 사람이 있다.

어느 쪽이 더 나은가는 말할 것도 없다.

단, 평범해 보이는 것은 좋되 실제로는 갈고닦은 훌륭한 재능과 능력이 있어야 한다. 그렇지 않으면 그저 쓸모없는 인간일 뿐이다.

'도'는 있는 듯 없는 듯 존재하면서도 실제로는 그 안에 엄청난 에너지를 간직하고 있다. 『노자』에서는 '도' 뿐만 아니라 인간도 그래야 한다 말하고 있다.

앞서 말한 것처럼 젊을 때는 어느 정도 용서가 될 수도 있지만 세파를 다 겪은 연륜이 되면 내부에서 빛이 나야 한다. 다른 사람들이나 사물에 위압감을 주어서도 안 된다. 가능한 한 자연스럽게 하는 것이 연극의 핵심이라는 것을 잊지 말라.

4. 물의 존재 방식에서 배운다

【해독】

가장 이상적인 삶의 방식은 물과 같이 사는 것이다. 물은 만물에 도움을 주면서도 대상을 거스르지 않는다. 그러면서도 사람들이 싫어하는 낮은 곳으로 흐른다. 따라서 도의 존재와 비슷하다 할 수 있다.

몸을 낮추어 깊은 연못과도 같은 마음을 지니고 있다. 모든 것을 주어진 대로 받아들이며, 거짓을 말하지 않는다. 나라를 다스릴 때는 나라가 파탄나지 않도록 매사에 적절하게 대처하고 행동한다. 이것이야말로 물이 존재하는 방식이라 할 수 있다.

물처럼 무엇에도 거스르지 않는 삶을 산다면 실패를 면할 수 있을 것이다.

【직역·원문】

최상의 선함이란 물과도 같다. 물은 만물을 이롭게 하면서도 다투지 않고, 모든 사람들이 싫어하는 곳에 처함으로 도에 가깝다. 거처하는 위치를 잘 선택하고, 마음을 쓸 때는 깊이있게 하며, 남들과 함께할 때는 어질게 하고, 말을 할 때는 믿음을 주며, 정치를 할 때는 잘 다스려지게 하고, 일을 할 때는 능하게 하고, 행동할 때에는 시기를 잘 맞춘다. 오직 다툼이 없으므로 잘못을 범하지 않는다.

上善如水. 水善利萬物而不爭, 居衆人之所惡. 故幾于道矣. 居善地, 心善淵, 予善仁, 言善信, 政善治, 事善能, 動善時. 夫唯不爭, 故無尤.(제8장)

【언소】

유연성과 겸손

 '상선약수(최상의 선함이란 물과 같다)' 라는 술이 나올 정도로 최근 이 말은 널리 알려졌다. 가장 이상적인 삶의 방식은 물과 같다는 의미다.

 이 말에서도 알 수 있듯 그 존재 방식에서 물은 '도' 와 가장 비슷하다.

 물론 『노자』에서 말하는 물은 대야에 받은 수돗물이 아니라 개천에 흐르는 물이다.

 그렇다면 물의 어떠한 점이 '도' 와 비슷한 것일까? 굳이 정리하자면 다음 두 가지를 들 수 있겠다.

 첫째, 유연성이다.

 물은 둥근 그릇에 담으면 둥근 모양이 되고, 각진 그릇에 담으면 각진 모양이 된다. 물은 상대를 거스르지 않고 상대에 맞추어 얼마든지 자신의 모습을 바꿀 수 있는 유연성을 지니고 있다.

 둘째, 겸손이다.

 물이 없으면 지구상의 생물들은 생존할 수 없다. 그렇게 큰 역할을 하면서 자신은 낮은 곳으로만 흘러간다. 물은 누구나 싫어하는 곳으로 흐르는 겸손함을 지니고 있다.

물의 유연성과 겸손은 '도'의 존재 방식과 비슷하다. 『노자』에서는 이것을 배워야 한다고 말한다.

우선 유연성은 오늘날과 같이 변화가 빠른 시대에 더욱 필요한 덕목이다.

선입견이나 고정관념에 사로잡혀 있으면 시대에 뒤떨어질 수밖에 없다. 또한 자신의 체면이나 지위에만 연연해하면 다양한 사태에 기민하게 대응할 수 없다. 항상 유연한 사고방식을 가져야 한다.

조직 사회에서도 마찬가지다. 인사 변동이 없는 조직은 동맥경화에 걸린 인체와 같아서 오늘날과 같은 변화의 시대에서 살아남을 수 없다. 살아남기 위해서는 변화에 대응할 수 있는 유연한 조직이 필요하다.

구(舊) 일본 해군의 실패를 예로 들어보자.

옛날, 미국과의 전쟁에서 진주만의 쾌승 이후 미드웨이에서의 대패를 겪고 퇴세를 만회하지 못한 채 그대로 쇠퇴했다. 왜 그런 참패를 당해야만 했을까? 바로 경직된 인사 때문이었다.

미국은 진주만 전쟁에서 대패한 후 곧바로 무능한 사령관을 해고하고 젊은 사람을 기용하여 전세를 다시 가다듬었다. 이에 반해 일본 해군은 끝까지 연공서열대로 평소와 똑같은 인사를 고집하여 그 결과 젊고 유능한 지휘관을 썩혀 버렸다.

오늘날의 기업도 살아남고자 한다면 똑같은 실수를 다시 반복하는 일이 없도록 해야 한다.

오만은 반발을 산다

두 번째로 든 겸손은 아무리 강조해도 지나치지 않는 덕목이다. 특히 능력이 있는 사람, 지위가 높은 사람일수록 더욱 겸손해야 한다. 겸손의 반대말을 생각해 보면 그 이유를 더 잘 알 수 있다. 겸손의 반대말은 오만이다. 오만한 사람을 좋게 받아들이는 조직, 사회가 있을 리 없다. 오만한 사람은 몰락하는 순간, 주위의 반발이 표면화되고 그들로 인해 발목을 잡힐 수밖에 없다.

기업 사회에서는 마흔 살 정도가 되면 자타의 공인을 받는 지위에 오르는 사람이 많다. 주변에서도 기대하고 본인 역시 그런 우월감에 사로잡히지만 대부분 중도에 좌절하여 결과적으로 성공을 거두는 사람은 그리 많지 않다. 이는 다름 아닌 겸손하지 못했기 때문이리라.

겸손은 주위의 믿음을 살 수 있는 밑거름이다. 그러나 너무 유연성과 겸손만을 강조한다면 오히려 해가 될 수도 있으므로 유의하기 바란다.

　예를 들어 너무 유연한 사람은 기회주의자로 비춰지기 쉽고, 너무 겸손한 사람은 비굴한 사람으로 보일 수 있다. 이래서는 주위의 신뢰를 받을 수 없다.

　그렇게 되지 않기 위해서는 우선 확실하게 자신을 확립해야 한다. 『노자』에서도 당연히 '자기 확립'을 전제로 두고, 유연성을 지니며 겸손한 자세를 취하라고 한다는 사실을 기억해야 한다.

5. 자기만 내세우면 어떻게 될까?

【해독】

발톱을 세우고 곧게 서면 오히려 똑바로 서 있을 수 없다. 자신이 옳다고 주장하면 오히려 무시당한다. 자신을 과시하면 오히려 배척을 당한다. 자신의 공적을 내세우면 오히려 비난을 받는다. 자신이 재능이 있다고 해서 잘난 척하면 오히려 방해를 받는다.
이러한 행동은 도의 측면에서 보면 모두 부질없는 짓이다. 평범한 사람들도 그런 사람은 거들떠보지 않는다. 이런 사람은 도를 깨우친 사람과는 거리가 멀다.

【직역 · 원문】

　발돋움하면 오래 설 수 없고, 가랑이를 마냥 벌리고 걷는 자는 제대로 보행할 수 없다. 자기를 내세우는 자는 도리어 자기 뜻을 명확히 나타내지 못하고, 자기를 옳다고 주장하는 자는 도리어 빛나지 못하며, 자기를 자랑하는 자는 도리어 공이 없어지고 자기를 과시하는 자는 도리어 오래가지 못한다. 무위자연의 도에서 볼 때 그런 짓은 남은 밥이나 군더더기라고 하겠다.

　跂者不立. 自是者不章. 自見者不明. 自伐者無功. 自矜者不長. 其在道也, 曰余食贅行. 物或惡之. 故有道者弗居.(제24장)

　＊余食贅行:남은 것이라는 뜻
　＊物:사람이라는 뜻

【언소】

　자연의 흐름대로 사는 것이 좋다
　『노자』의 사상을 설명할 때 '무위자연(無爲自然)'이라는 말을 자주 쓴다.

'무위' 란 단순히 아무것도 하지 않고 가만히 있는 것이 아니라 억지로 작위적이거나 약삭빠른 행동을 하지 않는다는 의미다. 또한 '자연' 이란 자연계의 자연이라는 의미가 아니라 '있는 그대로' 라는 의미에 가깝다고 할 수 있다.

이는 원래 '도' 가 존재하는 방식에 대해 설명한 말인데, '도' 를 깨우친 사람이 살아가야 할 방식이라고도 할 수 있다.

'무위자연' 을 중요시하는 『노자』는 당연히 작위적인 것이나 약삭빠른 행동을 싫어한다. 바로 앞 장인 23장에서도 이에 관해 말하고 있다.

'질풍은 한나절 이상 불지 않으며, 호우도 하루 종일 내리지는 않는다. 이는 천지의 섭리다. 즉, 천지조차도 부자연스러운 것을 오랫동안 지속할 수는 없다. 하물며 인간이 자연스럽지 못한 행동을 오랫동안 유지하기란 힘들지 않을까?'

자연스럽지 못한 일을 무리해서 하지 말라는 의미다.

24장의 내용도 그 연장선상이다. 늘 자기 이야기만 하고 어설프게 자기주장만 늘어놓는 일은 백해무익하다. 이는 무위자연으로 살아간다는 말과 같다.

사실 일본과 달리 중국은 자기주장이 강한 사회다. 특히 자기가 불리한 상황이 되면 더욱 심해진다. 그런 특징을 잘 모르는 사람이 운 나쁘게 그런 장면을 보면 깜짝 놀라는 경우가 많다. 이는 아주 오래된 중국 사람들의 기질이다.

『노자』라는 책이 나온 2천 수백 년 전은 전국(戰國) 시대로 당시 '제자백가(諸子百家)'라 불리는 여러 사상 유파가 생겨났으며, 격심한 논전을 펼치고 있던 때였다. 논전의 주요 주제는 정치였다. 나라의 힘을 기르려면 어떻게 하면 좋은가. 삼엄한 시대에서 살아남기 위해서는 무엇이 필요한가. 천하를 통일하기 위해서는 어떤 방책을 쓰면 좋은가. 각 유파는 자신들의 우위성을 주장하면서 상대와 끝없는 논쟁을 계속했다.

이 현상을 '백가쟁명(百家爭鳴)'이라고 한다. '쟁명'이라는 표현이 조금 이상하게 여겨지기도 하겠지만 강한 자기주장은 중화의 전통이었다.

『노자』의 '무위자연'설은 그러한 배경 속에서 탄생했다는 사실을 기억하라.

『노자』의 저자로 추측되는 사람은 노담(老聃)이다. 젊은 시절 사람들에게 높은 평가를 받으며 사람들을 가르치고 있던 공자에게 노담은 이런 말을 했다고 한다.

"총명하고 풍부한 통찰력을 가지고 있는데도 죽을 위험에 처하는 사람은 너무 타인을 비판하기 때문이요, 말 잘하고 박식하면서도 스스로 위기에 빠지는 사람은 타인의 흠을 들춰내기 때문이오. 당신도 자기주장을 너무 하지 않는 것이 좋겠소."

노담이라는 사람이 실존 인물인지는 알 수 없으나 충분히 있을 법한 말이라고 생각된다.

공자도 젊었을 때 자신의 말을 강조하면서 의욕에 불타는 모습을 보였다고 한다. 공자의 그런 모습은 인생 체험을 많이 한 노담이 보기에 위험한 행동이라고 느껴졌으리라.

도를 넘지 말라

일본 사람들은 중국 사람들에 비해 자기주장을 할 때 신중한 편이다. 어설픈 자기주장이라도 했다가는 사람들의 미움을 사고 사람들과 멀어지게 된다. 그래서 하고 싶은 말이 있어도 절반쯤은 속에다 감추고 주변의 눈치를 살피며 지냈다. 그런 의미에서 일본은 어쩌면 『노자』의 가르침에 잘 따르는 나라였다고 할 수 있다.

그런데 최근에는 미국의 영향 때문인지 젊은 세대들은 자기표현을 하는 데 거리낌이 없다. 물론 자신있게 자기를 표현하는 것도 좋은 점이 있겠지만 너무 노골적으로 표현하는 사람들에게는

'우선 실력부터 쌓으라' 라고 말해 주고 싶다.

  무슨 일이든 도를 넘어서는 안 된다. 도금은 언젠가는 벗겨지게 되어 있다는 사실을 기억하고 가능한 한 자연스럽게 자기표현을 할 수 있어야 한다.

6. 때로는 시치미를

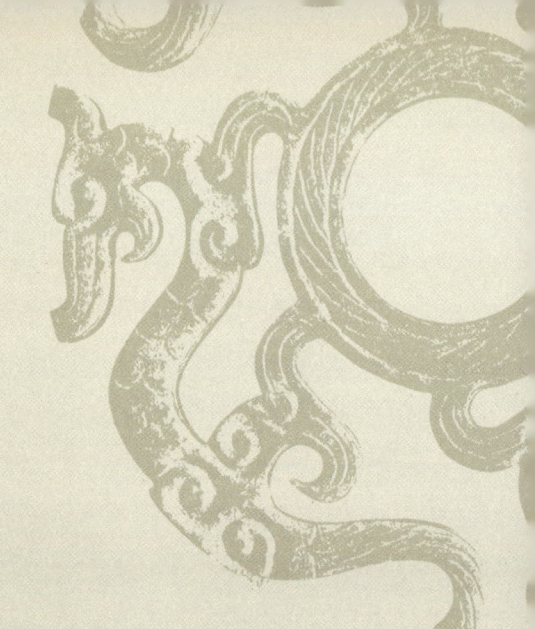

【해독】

알면서도 모르는 척하는 것도 좋다.

알지도 못하면서 아는 척한다면 이는 그 사람의 중대한 결점이 된다.

도를 깨우친 사람은 그런 결점이 없다. 스스로 자각하고 있기 때문이다.

【직역·원문】

알면서도 아는 체하지 않는 것이 가장 좋다. 알지 못하면서도 아는 체하는 것은 병이다. 대체로 병을 알고 있으면 이미 병이 아니다. 그러므로 성스러운 사람은 병이 없다. 병을 스스로 깨닫고 있기 때문이다.

知不知, 尙矣. 不知知, 病矣. 是以聖人之不病矣, 以其病病也. 是以不病.(제71장)

【언소】

공자와 노자는 이렇게 다르다

'앎'에 관한 말 중에 가장 유명한 말로 공자의 명언을 들 수 있다.

어느 날 자로(子路)라는 제자의 "앎이란 무엇입니까?"라는 질문에 공자는 대답했다.

"앎이란 아는 것을 안다고 하고, 모르는 것은 모른다고 하는 것이다."

아는 것과 모르는 것의 한계에 대한 확실한 인식이 바로 앎이라는 의미다. 이는 지극히 이성적이고 진지한 인식이다.

공자는 원래 지식을 쌓는 일이 자기를 성장시키고 사회를 행복하게 하는 것이라 믿고 있었다. 그렇기 때문에 위와 같은 말을 했을지도 모른다.

그러나 『노자』에서는 말이 다르다. 지식 그 자체에 깊은 회의를 품고 지식이 쌓이면 쌓일수록 인간도 사회도 불행해질 뿐이라 보고 있다. 이것은 '무위자연'이라는 전제에서 당연한 귀결이다.

'무위자연'은 인간의 작위적인 행동이나 약삭빠른 행동을 지양하는 데 반해 지식은 그와 반대이기 때문이다. 『노자』에서는 지식이 쌓이면 인간은 성적으로 가진 장점을 잃고 공연한 허위가 횡행해진다 인식하고 있다.

이 주장은 『노자』의 시대보다 오늘날의 상황에 더 맞는 말이라고 생각한다. 물론 지식이 점점 늘어난다고 해서 무조건 사람들이 작위적이고 약삭빨라지지는 않는다. 그러나 지식을 악용하여 나쁜 일을 일삼는 사람들이 많아지고 있다. 이런 현상을 보고 있으면 '과연 지식이 좋기만 한가?'라는 회의가 든다.

『노자』에서는 공자와는 다른 의미의 진실을 꿰뚫고 있다 할 수 있다. 그러나 『노자』가 아무리 사람들의 이런 행동을 부정하면서 지식을 쌓는 것은 위험하다고 말해도 현실적으로 지식은 계속 늘어나고 있다. 그래서 『노자』에서는 한걸음 양보하여 '알면서도 모르는 체하라'고 말한 것이다.

알지 못하는 것, 즉 '무지'가 가장 좋겠지만, 일단 알게 되었다면 '무지'한 양 행동하는 것이 차선책이라는 뜻이다. 이것은 이미 사람들 사이에 『노자』의 생각이 아니라 노련한 처세술로 여겨지고 있다.

어떤 의미에서 『노자』의 사상을 이어받았다고 할 수 있는 고전 『한비자(韓非子)』에 이런 말이 있다.

"아는 것은 어렵지 않으나 그것을 어떻게 처리하는가는 어렵다."

알기란 쉽지만 그 후의 대처는 어렵다는 의미다. 확실히 맞는 말이다.

'시치미'도 필요하다

알고 난 후에는 어떻게 대처하면 좋을까? 가장 좋은 방법은 『노자』에서 말한 것처럼 알면서도 모르는 체하는 것이다.

사람은 누구나 다른 사람에게 알리고 싶지 않은 비밀이 있다.

다른 사람의 비밀을 알게 되었을 때는 어떻게 하면 좋을까? 생각 없이 다른 사람에게 그 비밀을 흘려 다툼의 원인을 만들지 말고 혼자서 가슴에 담아두는 것이 현명한 처세술이다.

좀 더 연극적으로 아는 것을 모르는 척한다면 그것은 '시치미'라고 할 수 있다. 이것은 특히 지도자의 위치에 있는 사람들에게 더욱 필요한 자질이다.

예를 들어 상사가 부하 직원을 다스릴 때 부하의 능력이나 업무 태도, 사람됨, 장점과 단점 등에 대해 파악하는 일은 당연한 의무다. 그러나 부하에 관한 것들을 가볍게 입에 올려서는 안 된다. 알면서도 모르는 체하는 것이 곧 무언의 압력이라는 사실을 잊지 말라.

또한 알고 있으면서도 '그 건은 어떻게 되어가고 있는가?' 하고 부하 직원에게 한 번 물어보라. 실태를 파악할 수 있을 뿐만 아니라 지금까지 알지 못했던 사실까지 알게 될지도 모른다.

이와 같이 여러 상황에서 '알면서도 모르는 체' 하는 행위를 잘 이용한다면 인생의 달인이 될 수 있다.

최근 정치가들 중에서는 두서도 없이 종잡을 수 없는 말을 함부로 하는 유형이 많이 눈에 띈다. 그런 사람은 아무래도 경박해 보이기 마련이다. 그 반면 별세한 오히라 마사요시[大平正芳] 총리는 '아… 그래요……' 하는 말투를 자주 썼다. 물론 본인은 일부러 의식해서 시치미를 뗀 것이 아니겠지만 우리가 배울 수 있는 좋은 점이다.

7. 약하고 부드러운 것이 강하고 딱딱한 것을 이긴다

【해독】

이 세상에는 물만큼 약한 것이 없다. 반면 물만큼 강한 것을 잘 이기는 것도 없다. 이는 다름 아닌 강함이 약함을 당해내지 못한다는 사실을 의미한다. 부드러움이 딱딱함을 이기고, 약함이 강함을 이긴다. 이 도리는 누구나 잘 알지만 실행에 옮기는 사람은 별로 없다. 성인들도 '나라 안의 욕된 것을 한 몸으로 끌어안는 것이 진짜 왕이고, 나라 안의 불행을 온몸으로 받아들이는 사람이 천하의 왕이다'라고 말하지 않았는가.

진리는 역설처럼 들리기 마련이다.

【직역·원문】

하늘 아래 물보다 더 부드럽고 연약한 것은 없다. 그러나 단단하고 강한 것을 치는 데 물을 이길 것은 없다. 물의 쓰임을 대신할 것이 없다. 약함이 강함을 이기고, 부드러움이 딱딱함을 이기는 것은 하늘 아래 사람들 가운데 모르는 이 없건만, 그것을 능히 행하지 못하노라. 그러하므로 성스러운 사람은 말한다. 나라의 온갖 더러움을 한 몸에 지녀야 그 땅과 곡식의 주인이라 할 것이요, 나라의 온갖 상서롭지 못함을 한 몸에 지녀야 하늘 아래 우두머리가 될 수 있는 것이라고. 이와 같이 바른말은 반대로 들린다.

天下莫柔弱于水. 而攻堅强者莫之能先. 以其無以易之也. 柔之勝剛也, 柔之勝强也, 天下莫弗知也, 而莫之能行之. 故聖人之言曰, 受邦之垢, 是謂社稷主, 受邦之不祥, 是謂天下之王. 正言若反. (제78장)

*社稷:사(社)는 토지의 신, 직(稷)은 곡물의 신. 이 둘을 합쳐 국가를 가리킨다.

【언소】

약하고 부드러운 것이 강하다

앞서 '상선여수', 즉 물이 존재하는 모양에서 배운다는 말을 했는데, 이 장도 물에 관한 내용이다. 단, 앞에서는 물이 지니고 있는 유연성과 겸손함이 강조된 반면 이번 장에서는 물의 부드럽고 약한 면이 강조된다.

물은 유약하지만 그 때문에 오히려 견고한 것을 이길 수 있다. 이 말을 들으면 유도(柔道)의 궁극적인 지향점인 '부드러운 것은 딱딱한 것을 제압하고 약한 것은 강한 것을 제압한다'는 말을 떠올리는 사람들이 많으리라 생각한다. 이는 병법서인 『삼략(三略)』에 나온 말인데 『노자』와 같은 발상에서 나온 말이다.

『삼략』에서는 또 이런 말도 하고 있다.

"뛰어난 인물은 유도(부드러움)를 지니고 모든 사태에 적절하게 대응한다. 유도는 펼치면 천하에 이를 수 있고, 움츠리면 깊숙한 곳까지 이를 수 있다. 그러므로 식량을 쌓아둘 곳간도 필요없고, 지켜야 할 성도 필요없다. 모든 것을 자신의 가슴속에 두어 적을 물리칠 수 있다."

유도는 자유자재로 늘였다 줄였다 할 수 있어 상대의 변화에 따라 적절하게 대응할 수 있다는 의미다.

물의 유연성에 주목한 것은 『노자』뿐만이 아니다. 『손자(孫子)』에서도 "싸움은 물처럼 하라"라면서 물에서 배워야 할 점들을 서술하고 있다.

"물은 높은 곳을 피해 낮은 곳으로 흐른다. 싸움을 할 때도 적의 뛰어난 부분을 피해 모자라는 부분을 쳐야 한다. 물에는 일정한 형태가 없는 것처럼 싸울 때도 불변의 태세로 있어서는 안 된다. 뛰어난 용병술이란 적의 태세에 따라 병사의 형태를 변경시켜 승리하는 것이다."

또한 『위료자(尉繚子)』라는 병법서에서도 이렇게 강조하고 있다.

"정강(精强)한 군대는 물에 비유할 수 있다. 물은 매우 유약하나 물의 성질에는 불변성과 집중성이 있기 때문이다."

이처럼 많은 병법서들에서 싸움의 이상을 물의 유연성에서 찾고 있다. 이는 병법서에만 국한되는 이야기가 아니다. 예를 들어 이런 일화가 있다.

춘추 시대 정(鄭)나라의 정치를 바로 세운 자산(子産)이라는 명재상은 죽기 전에 자신의 후계자를 불러 말했다.

"정치에는 완만한 정치와 엄정한 정치 두 가지 방법이 있다고 생각하네. 완만한 정치로 국민을 복종시키는 것은 어지간한 덕을 지닌 사람이 아니면 힘들지. 일반적으로는 엄정하게 정치를 하는 것이 쉽지.

이 두 가지는 불과 물에 비유할 수 있다네. 사람들은 불을 보면 무서워서 가까이 가려 하지 않지. 그래서 불 때문에 죽는 사람은 거의 없지. 그런데 물의 성질은 극히 약하여 사람들은 물을 두려워하지 않아. 그래서 물 때문에 죽는 사람이 생기지. 완만한 정치는 물과 같아서 언뜻 보기에는 쉬워 보이지만 사실은 매우 힘든 것이라네."

자산도 유약함 속에 큰 힘을 갖추어야 한다고 생각했으리라. 단, 유약한 것은 다루기 힘들며, 우습게보다가는 큰코다칠 위험도 있다.

유약한 것이 더 다루기 힘들다는 것도 『노자』의 인식과 일맥상통한다고 볼 수 있다.

『수덕오훈(水德五訓)』의 가르침

'수덕오훈'이나 '수오칙(水五則)'이라 불리는 글이 있다. 물이 가진 덕을 다섯 개 항목으로 정리한 것인데 그 문장에서 볼 수 있듯 일본에서 만들어낸 말이다. 참고삼아 어떤 절의 주지승이 써준 것을 소개해 보겠다.

- 담담하고 무미하지만 진미가 있는 것은 물이다.
- 길을 따라 자유로이 흐르며, 맑거나 흐리거나 느긋한 것은 물이다.
- 항상 낮은 곳으로 흘러 땅 아래에 있어도 만물을 생성시키고 길러내는 것은 물이다.
- 아무 일이 없을 때는 아무것도 하지 않으나 유사시에 모든 이익을 꾀하여 공을 세우는 것은 물이다.
- 큰 강이 되고 큰 바다가 되며 구름, 비, 얼음, 눈이 되어 그 모습은 다양하게 바뀌어도 그 성질만은 잃지 않는 것은 물이다.

『노자』에서 말한 것을 알기 쉽게 정리하자면 이상과 같다고 할 수 있다.

속담에도 '버드나무는 꺾이지 않는다'라는 말이 있다. 유약한 것이 나쁘지만은 않다. 끈질긴 저항력을 발휘하여 역전의 기회로 삼을 수 있어야 한다.

2
명쾌한 삶

1. 공수신퇴(功遂身退)는 하늘의 도

【해독】

갖고서도 또 채우려고 하는 일은 멈추는 것만 못하다. 다듬어서 날카롭게 하면 오랫동안 보존할 수 없다. 금과 옥이 집안에 가득하면 지키기 어렵다. 부유하고 존귀해져서 교만해지면 저절로 허물이 생기게 된다. 공이 이루어졌을 때 스스로 물러나는 것이 하늘의 도리이다.

【직역 · 원문】

물을 너무 많이 담으면 곧 넘친다.
온 방에 한가득 재물을 두면 지키기 힘들다. 지위가 높아져 잘난 체를 하면 다른 사람의 방해를 받게 된다.
성공했을 때 물러날 줄 아는 것이 하늘의 도이다.

殖而盈之, 不若其已. 揣而銳之, 不可長葆也. 金玉盈室, 莫之能守也. 富貴而驕, 自遺咎也. 功遂身退, 天之道也.(제9장)

【언소】

넘치는 것은 부족한 것이나 마찬가지다
 '적당주의'가 좋다. 지위나 재산이나 적당히 지니면 된다는 뜻이다.
 너무 올라가면 함정이 기다리고 있고, 너무 저축하면 몽땅 잃어버리게 되어 있다. 그렇지 않더라도 거기에 너무 신경을 쓰면 수명이 줄 수도 있다. 어떻게 되든 일이 제대로 될 리가 없다.
 이를 경계한 것은 『노자』뿐만이 아니다. 예를 들어 『역경(易

經)』이라는 고전에도 '정상에 오른 용은 후회를 한다'라는 말이 있다.

정상에 이른 용은 후회를 한다. 정상에 오른 다음에는 전락(轉落)할 일밖에 없기 때문이다. 그렇다면 정상을 목표로 하고 있는 때가 인생의 전성기일 수도 있다.

또한 『회남자(淮南子)』라는 고전에서도 말한다.

"천지의 길은 그 끝에 다다르면 반드시 돌아와야 하니 가득 차는 것이 오히려 손해다."

끝까지 가면 돌아와야 하고 가득 찬 후면 곧 모자라게 된다. 이것이 천지자연의 이치라는 의미다. 물론 이 이치는 인간 사회에서도 예외가 아니다.

또한 『채근담(菜根譚)』에서도 비슷한 말을 한다.

"꽃은 반쯤 피었을 때 보고, 술은 적당히 취하도록 마시면 그런 가운데 아름다운 취미가 있나니, 만약 꽃이 활짝 피고 술에 흠뻑 취하면 재앙의 경지에 이르도다. 가득 찬 곳에 있는 사람은 마땅히 이를 생각할지니라."

꽃은 반만 피었을 때 보는 것이 아름답고 술을 마실 때는 살짝만 취하는 것이 좋다. 여기에 최고의 흥취가 있다. 만개한 꽃을 보기를 좋아하거나 만취할 때까지 술을 마시면 반드시 나쁜 지경에 처하게 된다. 그러므로 무엇이든 가득한 상황에 놓인 사람은 이 사실을 깊이 새겨두어야 한다.

즉, 가득한 사람일수록 더욱 명심하고 스스로 경계해야 한다는 의미다.

여담이지만 필자 역시 어린 시절에는 잔뜩 취하여 주위 사람들에게 폐를 끼친 적이 있었다. 그러나 젊은 혈기에 그랬던 것이고 최근에는 주량도 현저히 줄어 아주 조금 마시는 정도다. 그런 의미에서 『채근담』의 가르침을 잘 이행하고 있기는 하지만 조금은 서운한 기분이 드는 것도 사실이다.

긴 역사 속에서 문자 그대로의 사상을 실천한 인물들도 적지 않다. 남북조 시대 안지추(顔之推)라는 문인 학자가 있었다. 왕조가 정신없이 교체되던 시대에 파란만장한 인생을 산 그가 자손들을 위해 남긴 『안씨가훈(顔氏家訓)』에 이런 말을 남겼다.

"관직에 오르고자 한다면 중간 정도의 지위에서 더 이상 오르지 않는 것이 좋다. 앞에 50명, 뒤에 50명 정도가 있는 지위라면 수치스럽지도 위험하지도 않은 지위다. 그 정도 지위라면 남에게 빼앗길 염려도 없고 비판을 받아 쓰러질 지위도 아니다."

이 역시 뛰어난 처세술이라 할 수 있다.

적절한 시기를 생각하라

『노자』에 나오는 지위나 재산, 명예 등은 아무런 가치가 없다. 아니, 처음부터 안중에 없다고 할 수 있다. 그러므로 지위가 올라가든 내려가든 재산이 많아지든 줄든 아무런 상관이 없다. 누구나 가능한 한 높은 지위에 오르고 싶어하고 많은 재산을 모으고 싶어한다.

『노자』에서 말하는 염담(恬淡:사물에 집착하지 않고 욕심이 없이 마음이 편함)히 살려면 어떻게 하는 것이 좋을까? 『장자(莊子)』는 이렇게 말한다.

"높은 지위는 자신의 본래 삶과는 관계가 없다. 그저 일시적인 부속물에 지나지 않는다. 그러므로 잡으려 할수록 더욱 잡기 힘들고 떨치려고 할수록 더 다가오기 마련이다."

즉, 얽매이지 말라는 뜻이다. 이 정도는 우리처럼 평범한 사람들도 실천할 만하다.

그렇다면 높은 지위에 오르게 된 때는 어떻게 하는 것이 좋을까?

주어진 책임을 다하면 일찌감치 물러서는 것이 좋다. 그렇게 하는 것이 공로나 명예를 지킬 수 있는 길이다.

그러나 이는 말하기는 쉬워도 실천하기는 어려운 이야기다. 우리는 옛날부터 물러날 시기를 잘못 판단하여 스스로 파놓은 함정에 빠지는 사람들을 종종 보아왔다.

그러한 위험을 피하기 위해서는 높은 지위에 오른 때부터 항상 물러날 시기를 염두에 두는 편이 좋으리라.

2. 선을 행하는 자는 흔적을 남기지 않는다

【해독】

도를 따르면 어떻게 될까.

행동은 그 자취가 남지 않는다. 쓸데없는 말을 흘리지 않게 된다. 계산기 없이 계산할 수 있다. 문을 잘 잠그게 되어 열쇠 없이도 못 열게 만들 수 있고, 포장을 잘하여 포장 끈이 없어도 풀지 못하게 할 수 있다.

그러므로 도를 깨우친 사람은 모든 사람을 잘 활용하여 사람이든 사물이든 그저 버리는 일이 없다. 이것이야말로 영민한 지혜다.

도를 모르는 사람은 도를 깨우친 사람을 보며 반성해야 한다. 또한 도를 깨우친 사람도 도를 모르는 사람들의 거울이 되어야 한다. 그렇지 않으면 아무리 뛰어난 지혜가 있어도 반드시 문제가 생기게 되어 있다.

이 양쪽의 관계는 매우 미묘하다.

【직역 · 원문】

잘 가는 걸음은 자국을 남기지 않고, 잘하는 말은 허물이 없고, 잘하는 셈에는 주판을 쓰지 않는다. 잘 잠그는 사람은 문 빗장 없이도 열지 못하게 하고, 잘 묶는 사람은 밧줄 없이도 풀지 못하게 한다. 고로 도를 터득한 성인은 모든 사람과 물건을 잘 살려 쓴다. 그러므로 아무도, 아무것도 버리지 않는다. 이것을 습명, 즉 밝은 지혜를 관직함이라 한다. 고로, 도를 깨우친 사람은 그렇지 못한 사람의 스승이고, 도를 깨우치지 못한 사람은 도를 깨우친 사람의 거울이라 하겠다. 그 모범된 것을 존중하지 않고 그 거울을 아끼지 않으면 지혜가 있더라도 크게 유혹을 당하는 일이 생기니 이러한 것을 바로 오묘한 도리라 한다.

善行者無轍迹. 善言者無瑕適. 善數者不用籌策. 善閉者無關而不可啓也. 善結者無繩約而不可解也. 是以聖人恒善救人, 而無棄人. 救無棄財. 是謂愧明. 故善人, 不善人之師. 不善人, 善人之資也. 不貴其師, 不愛其資, 雖智乎大迷. 是謂妙要. (제27장)

＊轍迹:바퀴 자국, 즉 차가 지나간 후의 흔적.
＊善人: '도' 를 깨우친 사람.
＊資:도움.

【언소】

'자취를 더듬지 말라'

이 장에서 가장 유명한 말은 '선을 행하는 사람은 자취를 남기지 않는다' 는 말이다. 자신의 자취를 남기지 않는다는 것은 보통 일이 아니다. 어떻게 그렇게 할 수 있을까? 이는 다름 아닌 모든 행동이 '도' 에 가깝기 때문이다. 그러나 말처럼 쉬운 구체적인 방법을 생각해 내기란 힘들다.

당(唐) 왕조 2대 태종 이세민(李世民)의 치세는 '정관(貞觀)의 치(治)' 라 불리며 가장 이상적인 정치로 여겨진다. 태종을 보좌한 방현령(房玄齡)과 두여회(杜如晦)라는 두 재상은 '현령이 계획을 세우면 여회가 결정한다' 라는 말이 있을 정도로 방현령은 계획을 세우는 데 능했고 두여회는 결단을 내리는 데 뛰어났다. 서로 다른 성향의 두 보좌관의 도움을 받은 태종의 시정(施政)은 '현령, 태종을 32년간 보좌하였으나 그 공적을 뽐내지 않았으며, 태종은 화란(禍亂)을 진압한 방, 두(房, 杜)의 공을 묻지 않았다' 라는 말로 표현되기도 한다.

'공적을 뽐내지 않는다' 는 것은 자신들의 일이라 여겨지는 일을 모두 완수하면서, 공을 세우더라도 그것에 대해 말을 하지 않는다는 의미다. 보좌하는 역할로서는 가장 이상적인 모습이라 할 수 있다.

『채근담』에서도 비슷한 예를 찾아볼 수 있다.

"연회의 분위기가 최고조에 달했을 때 슬며시 자리를 뜨는 사람을 보면 절벽 위를 빠른 걸음으로 걷는 것처럼 보인다. 밤이 깊었는데 그때까지 정처 없이 바깥을 서성거리는 사람을 보면 욕망의 세계에 취한 속물의 비참함을 보는 것 같아 쓴웃음을 참을 수 없다."

여기에서 주목할 점은 물론 앞쪽 대목이다. 이러한 구속 없이 자연의 흐름대로 행동하는 것도 일종의 명인의 경지라고 할 수 있으며, '선행을 하는 자는 흔적이 없다'는 말과 비슷하다. 굳이 말하자면 천의무봉(天衣無縫)이라는 표현을 쓸 수 있겠다.

공자가 자신의 인생을 되돌아보며 한 말도 이와 비슷한 의미를 담고 있다.

"일흔에 마음의 욕심을 좇아도 법도에 어긋나지 않았다."

즉, 일흔 살이 되면 욕망대로 행동해도 곤경에 처하는 일은 없다는 뜻이다. 이 말도 세상의 규범이나 굴레에 사로잡히지 않는 자유자재의 경지라 볼 수 있다.

필자 역시 일흔 살이 된 지금 최소한 공자와 같이 되고 싶다는 생각을 하지만 아직은 속물근성을 버리지 못했다. 하물며 『노자』에서 말한 '흔적을 남기지 않는' 경지까지는 아직 멀었다. 역시 영원히 풀어나가야 할 숙제인 것 같다.

'사자상승(師資相承)'으로 전하라

이 장에서 또 한 가지 기억해야 할 것은 뒤쪽에 나오는 '도를 깨우친 자는 그렇지 않은 자의 스승이다. 도를 깨우치지 못한 자는 도를 깨우친 자의 거울이다'라는 말이다.

꽤 지난 이야기지만, 어느 기업의 연구소에 강연을 하러 방문한 적이 있었다. 담당자가 내게 말했다.

"어떤 나이 드신 선배님이 '그것은 사자상승이라네' 라는 말을 했는데 그것이 무슨 뜻입니까?"

의미야 말 그대로 스승으로부터 제자에게 법을 이어 전한다는 뜻이지만 그 유래나 출전을 대답해 줄 수가 없었다. 나중에 알아보니 '사자' 라는 두 글자는 『노자』에서 나온 것인데, '사자상승' 이라는 네 글자는 중국 고전이 아닌 일본 불전 『정법안장(正法眼藏)』 등에서 나온 말이었다.

그 기업의 선배는 이런 말을 이용하여 자신의 경험을 후배들에게 전해주고자 한 것이었다. 최근 기업인들은 소위 '미국식' 을 도입하고 배우는 반면 이러한 '우리식' 방법은 배우고 익히는 노력이 부족하지 않은가 생각된다. 보다 새롭게 다시 볼 필요가 있다.

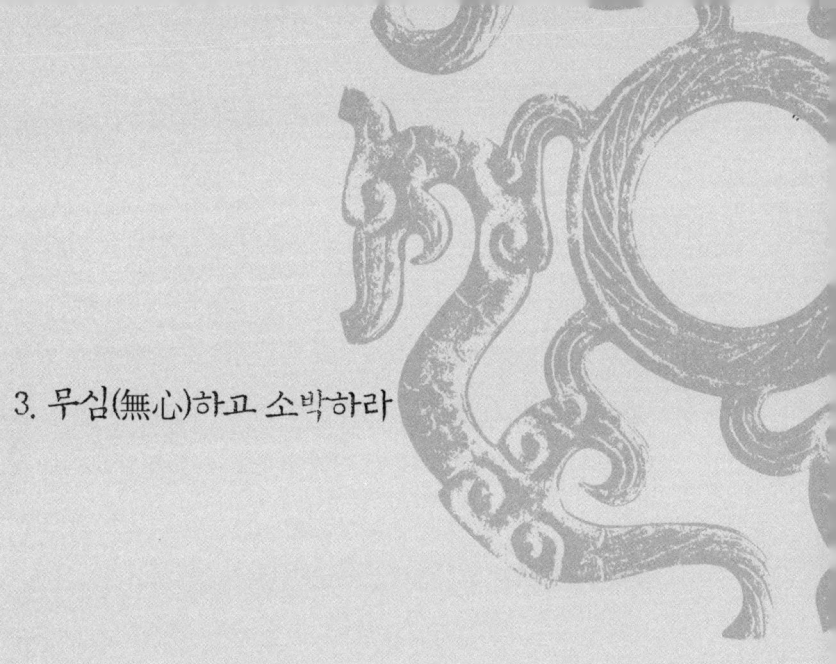

3. 무심(無心)하고 소박하라

【해독】

　남자의 강함을 지녔으면서도 여자의 약함으로 일관하면 모든 흐름을 탈 수 있는 계곡과 같이 만물을 받아들일 수 있게 된다. 그러면 도를 깨우치게 되고 어린아이와 같은 무심의 상태로 돌아갈 수 있다.
　결백하면서도 더러움 속에 처하면, 모든 흐름을 탈 수 있는 산골짜기의 시냇물과 같이 만물을 포용할 수 있게 된다. 그러면 도와 합치되어 원목과도 같은 소박한 상태로 되돌아갈 수 있다.
　밝은 지혜를 가졌으면서도 어둠 속에 머물러 있으면 천하의 사표(師表)가 될 수 있다. 그렇게 하려면 도와 일체가 되어 한없는 원초적인 상태로 돌아갈 수 있다.

원목은 가공하지 않은 그대로의 제품이다. 그러나 도를 깨달은 사람은 원목의 소박함을 유지하면서 만물의 주재자가 된다. 훌륭한 제품이란 원래부터 가공이 더해지지 않은 것을 일컫는다.

【직역·원문】

그 수컷 됨을 알면서도 그 암컷 됨을 지키면 하늘 아래 계곡이 된다. 이렇게 되면, 항상 덕이 떠나질 아니하니 다시 갓난아기로 되돌아간다. 그 밝음을 알면서도 그 어둠을 지키면 하늘 아래 모범이 된다. 그렇게 되면, 항상 덕이 어긋나질 아니하니 다시 원래대로 되돌아간다. 그 영예를 알면서도 그 굴욕을 지키면 하늘 아래 골이 된다. 이렇게 되면, 항상 덕이 이에 족하니 다시 질박함으로 되돌아간다. 통나무에 끌질을 하면 그릇이 생겨난다. 성스러운 사람이 이 그릇을 써서 세상의 제도를 만들고 따라서 그 우두머리들이 생겨난 것이다. 그러므로 원래 큰 다스림은 자르지 않는 것이다.

知其雄, 守其雌, 爲天下谿. 嬰爲天下谿, 恒德不離. 恒德不離, 復歸于嬰兒. 知其白, 守其辱, 爲天下谷. 爲天下谷, 恒德乃足. 恒德乃足, 復歸于樸. 知其白, 爲天下式. 爲天下式, 恒德不忒. 恒德不忒, 復歸于無極. 樸散則爲器. 聖人用之則爲官長. 夫大制無割.(제28장)

【언소】

일부러 어리석은 척한다

『노자』는 왜 '도'에 주목했을까? 바로 '덕'을 지니고 있기 때문이다. 『노자』에서는 인간도 도와 같이 덕을 익힌다면 힘든 세상을 활기차게 살아나갈 수 있다고 말한다.

덕 중에서도 유연성이나 겸손 등에 대해서는 이미 소개하였다. 이번 장에서는 몇 가지 중요한 덕이 언급되고 있다. 예를 들어 여성의 특징인 포용력, 원목의 소박함 등이 그것이다. 『노자』에서는 이 덕들을 칭송해 마지않는다.

위에서 말한 무심도 그저 평범한 무심이 아니다. 실제로 그 속에는 숙려(熟廬)나 권모(權謀)가 내포되어 있다. 즉, 숙려와 권모를 거쳐 결과적으로 이르게 된 무심이라 할 수 있다. 소박함 역시 겉모습으로만 나타나는 소박함이 아니다. 단련에 단련을 거듭하여 숙련에 도달한 소박함을 말한다.

그것은 '뛰어난 지혜가 있더라도 일부러 어리석은 척하면 천하의 사표가 될 수 있다'는 구절에서 더욱 확실히 드러난다. 어리석음 역시 그저 단순한 어리석음이 아니다. 실제로 그 안에는 매우 뛰어난 지혜가 들어 있어야 한다. 그러나 절대로 이를 드러내지 않고 어리석은 것처럼 보여야 한다. 어떻게 보면 아주 쉬운 일이다.

이것이 동양형 지도자다

두 사람을 예로 들어보자.

우선 노일전쟁의 오야마 이와오[大山巖]이다. 총사령관으로서 봉천대회전(奉天大會戰)에 임했을 때 작전 전부를 지장(知將)의 명예로운 참모 총장인 고다마 겐타로[兒玉源太郎]에게 맡기고 자신은 유유자적하게 지냈다.

포성이 극에 달하고 한창 절정에 이르자 고다마도 긴장한 기색을 감출 수 없었다. 그때 유유히 모습을 나타낸 오야마는 태평한 얼굴로 물었다.

"고다마, 고다마, 어떻게 된 것인가? 오늘은 아침부터 대포 소리가 계속 들리는데 도대체 무슨 일이 있는 건가?"

오야마의 성격을 잘 알고 있었던 고다마는 '또 시작이군' 하는 생각을 하며 마음속으로 쓴웃음을 지었으리라. 그러나 그 한마디는 긴장하고 있던 사령부의 분위기를 부드럽게 해주었다.

그 후 오야마는 격전을 계속하는 야포(野砲) 부대의 후방에 모습을 나타냈다. 그곳은 화재로 발 디딜 틈 없을 정도였다. 오야마는 정신없이 지휘를 하고 있는 젊은 장교를 불렀다. 어떤 이유가 있어 긴장한 얼굴로 부동자세를 하고 있는 그에게 물었다.

"대포가 왜 위를 향할수록 멀리 날아가는지 아는가?"

사실 오야마는 장교 시절, 대포 기술을 배우러 프랑스에 유학을 갔다 왔다. 그 방면에서는 소위 프로였다. 그의 질문은 젊은 지휘관의 경직된 머리를 시원하게 해주는 효과가 있었다.

만년이 된 오야마의 손녀가 그에게 물었다.

"할아버지, 총사령관은 어떤 마음가짐으로 전쟁에 나가요?"

그는 대답했다.

"음, 알면서도 모르는 체하고 나가지."

또 한 사람은 쇼와[昭和]의 장수 요나이 미츠마사[米內光政]이다.

연합 함대 사령 장관으로 임명되었을 때 기자단이 그에게 포부를 묻자 그는 대답했다.

"모든 것을 부하에게 맡길 생각입니다. 원래 사령관은 어려운 일은 모두 부하에게 맡겨 버리니까요."

무슨 이유에서인지 쇼와 이후부터의 해군 장수들은 노장(老將) 사상에 친숙한 사람들이 많았다고 한다. 요나이의 이 말도 『노자』의 영향을 받은 것일는지도 모른다.

어쨌든 오야마도, 요나이도 정말 훌륭한 사람이다. 일부러 어리석어 보이면서까지 조직을 확실하게 정비하고 부하들의 존경을 받았다. 동양형 지도자의 전형적인 모습이라고 할 수 있다. 이러한 훌륭한 전통을 이어받을 수 있으면 좋겠다.

4. 병기는 확실치 못한 그릇

【해독】

전쟁은 즐길 만한 것이 못 된다. 누구나 그것을 싫어한다. 그러므로 도를 깨달은 사람은 전쟁을 좋아하지 않는다. 보통 때는 왼쪽을 위로 여기는 군자가 전쟁 때는 오른쪽을 위로 여기는 것도 그 때문이다.

전쟁은 군자가 좋아할 만한 것이 아니며, 즐겨서도 안 된다. 어쩔 수 없이 해야만 할 때는 어디까지나 무욕(無慾)으로 임해야 하며, 이겼다 해도 기뻐하고 자랑스러워해서는 안 된다. 전쟁을 찬미하는 것은 사람을 죽이는 일을 찬미하는 것과 같다. 그래서는 천하의 뜻을 얻을 수가 없다.

　보통 좋은 일이 있을 때는 왼쪽을 위로 여기고 흉사가 있을 때는 오른쪽을 위로 여긴다. 그런데 군대에서는 부장군이 왼쪽에 서고 대장군이 오른쪽에 선다. 즉, 군대는 흉사에 임한다는 의미다.

　많은 사람들을 죽여야 하니 비통함으로 전쟁에 임하고 전쟁에 승리하면 흉사 때와 같이 죽은 자를 애도해야 한다.

【직역 · 원문】

　대저 아무리 정교한 병기라도 상서롭지 못한 기물일 뿐이다. 세상 사람은 누구든지 그것을 혐오할 뿐이니, 길이 있는 자는 그것에 처하지 않는다. 덕을 갖춘 사람은 평상시에는 왼쪽을 귀하게 여기고 전쟁 시에는 오른쪽을 귀하게 여긴다. 무기란 도무지 상서롭지 못한 기물이니 군자의 기물이 아니다. 부득이해서 그것을 쓸 뿐이다. 전쟁의 결과에 대해서는 항상 담담함과 초연함이 제일 좋다. 개가를 올려도 그것을 아름답게 생각지 않는다. 그것을 아름답게 여기는 자는 살인을 즐기는 자일 뿐이다. 대저 살인을 즐기는 자가 어떻게 하늘 아래 뜻을 얻을 수 있겠는가. 길사 때에는 왼쪽을 높은 자리로 하고 흉사 때에는 오른쪽을 높은 자리로 하는 법이다. 전쟁에서는 부관 장군이 왼쪽에 자리잡고 상관 장군이 오른쪽에 자리잡는다. 이것은 곧 상례로써 전쟁에 임하란 뜻이다. 그리고 사람을 많이 죽였으면 애통하는 마음으로 읍해야 한다. 전쟁에 승리를 거두어도 반드시 상례로써 처하라.

夫兵者不祥之器也. 物或惡之. 故有道者弗居. 君子居則貴左, 用兵則貴右. 故兵者非君子之器. 兵者不祥之器也. 不得已而用之. 恬淡爲上, 勿美也. 若美之, 是樂殺人也. 夫樂殺人, 不可以得志于天下矣. 是以吉事上左, 喪事上右. 是以偏將軍居左, 上將軍居右. 言以喪禮居之也. 殺人衆, 以悲哀莅之, 戰勝, 以喪禮處之. (제31장)

【언소】

'부득이해서 쓸 뿐이다'
『노자』가 정리된 전국 시대는 문자 그대로 전쟁이 끊이지 않는 시대였다.

여러 사상과 유파가 생겨나고 극심한 논전을 전개하는 한편, '설객(說客)'이라든지 '유설(遊設)의 사(士)'라고 불리는 사람들이 정치 무대에서 활약하면서 활발한 외교 교섭을 하는 등 자신들만이 최고라고 믿는 사람들이 많은 재미있는 시대였다. 이는 '오로지 창 하나[槍一筋]'라는 말로 상징되곤 하는 일본의 전국 시대와는 크게 다른 점이다.

반면 나라와 나라 사이에서 살아남기 위한 끊임없는 전쟁이 일어났다는 사실은 같다. 물론 전쟁의 규모는 중국이 훨씬 컸다. 큰 나라끼리 맞붙을 때는 양쪽 다 10만 단위의 군사들이 동원되기도 했다. 무기도 철제였고, '노(弩)'라고 불리는 여러 개의 화살이나 돌을 잇달아 쏘는 큰 활이 개발되어 살상력이 매우 높아졌다. 전쟁도 장기전이 되어 국력의 소모도 컸다.

『노자』는 그러한 시대 속에서 전쟁을 어떻게 바라보았는가. 한마디로 말해 앞서 언급한 '병기는 상서롭지 못한 기물'이라는 말로 대신할 수 있다. 즉, 전쟁은 즐길 만한 것이 못 된다는 의미다.

『노자』는 처음부터 사회적인 약자의 처지에서 바라보고 있다. 사회적인 약자란 오늘날의 의미로는 생활이 궁핍한 사람이나 장애자, 고령자 등을 생각할 수 있으나 이 경우에는 보다 넓은 의미로 권력이나 지위, 재산과는 거리가 먼 사람들을 일컫는다고 생각하면 된다. 어느 시대나 전쟁의 비참함은 그런 사회적인 약자들에게 더욱 크게 다가온다. 그들의 처지로는 전쟁을 반대할 수밖에 없다.

그러나 『노자』에서는 전쟁을 정면으로 반대하지 않는다. 노자는 이상주의자도 아니었고 휴머니스트도 아니었다. 아무리 전쟁 반대의 소리를 높여도 전쟁은 피할 수 없는 것이라는 사실을 잘 알고 있었다. 전쟁은 인류가 짊어진 업보와 같다고 인식했다.

그렇다고 전쟁을 긍정하고 있는 것은 더 더욱 아니다. '부득이해서 쓸 뿐이다' 라는 대목에서 『노자』의 사상을 잘 나타내 주고 있다.

이는 『손자』에서의 인식과 일맥상통한다.

"백전백승은 최선이 아니다. 싸우지 않고 상대를 굴복시키는 것이 최선이다."

싸우지 않고 이기기 위해서는 당연히 정치 전략이 우선시 되어야 한다. 즉, 외교 교섭으로 상대의 의지를 꺾는 것, 그것이 최선이라는 뜻이다.

『손자』는 그러한 전제를 두고 어떻게 하면 싸움에서 이길 것인가, 어떻게 하면 지지 않는 전쟁을 할 수 있는가에 대해 말하고 있다. 이는 병법서이므로 당연한 것이다.

이겼다고 자랑스러워하지 말라

『노자』는 그런 의미에서 병법서는 아니다. 그러므로 '부득이 해서 쓸 뿐이다'라는 말까지는 『손자』와 같지만 그 다음 말은 다르다.

『노자』가 주목하는 것은 '어떻게 싸울 것인가'가 아니라 '싸워서 이긴 후에 어떻게 행동해야 하는가'다. "이겼다고 자랑스러워하지 말라", "흉사를 당했을 때와 같이 행동하라" 등으로 말하고 있다.

'흉사'라고 하면 장례, 추도식 등을 연상할 수 있다. 그런 자리에서는 누구나 애도의 마음을 가지게 된다. 『노자』는 승자의 태도도 이와 같아야 한다고 말한다.

쉬운 예를 들어보자. 유도 시합을 보면 이긴 쪽이 승리의 쾌감에 젖은 포즈를 취하는데 그것은 원래의 일본 유도에서 지향하는 바가 아니다. 그런 모습을 보고 있노라면 위화감을 느끼게 된다. 일본 프로 씨름인 오즈모[大相撲]에서도 한때 그런 모습이 보였으나 협회의 지도자들이 '힘을 과시하는 듯한 행동을 하지 말라', '패자에게 위로하는 마음을 가져라' 등의 말로 그런 모습을 자제하게 했다고 한다. 『노자』에서 말하는 것 역시 이와 같은 사상이다. 즉, 『노자』에서는 승자가 자제심을 가지라고 말한다.

　일본의 경우 전쟁에서 지면 대장 한 사람이 자결을 하고 끝맺었다. 때로는 남은 모든 사람을 처치하는 경우도 있기는 했으나 말단 병사까지 모두 죽여 버리는 경우는 거의 없었다. 어떻게 보면 깨끗하고 소탈한 방법이었다고도 볼 수 있다.

　반면 중국의 전쟁은 달랐다. 전쟁이 끝나면 승자가 비참한 살육을 저지르는 경우가 많았다. 한 예로 항우(項羽)를 들 수 있다. 항복한 진(秦)나라의 병졸 30만 명을 생매장하여 죽였다. 생각만 해도 섬뜩하지 않은가!

　『노자』는 이러한 살육을 자제하기를 촉구하고 있다. 이 말이 어느 정도로 전쟁 지도자의 귀에 먹혔을지는 알 수 없지만 당시 민중들의 바람을 대변하는 말이라는 사실만큼은 부정할 수 없으리라.

5. 만족을 알면 위협도 없다

【해독】

지위와 생명 중 어느 것이 더 중요한가? 생명과 재산 어느 것이 더 중요한가? 얻는 것과 잃는 것 어느 것이 더 고통일까?
지위에 너무 집착하면 결국 생명을 잃게 된다. 재산을 너무 많이 가지면 반드시 잃게 된다.
만족하는 마음가짐을 유지하면 부끄러운 일도 생기지 않는다. 그만둘 때를 생각하면 위험없이 항상 편안하게 살 수 있다.

【직역 · 원문】

이름과 몸 중 어느 것이 나에게 더 가까운 것이냐? 내 몸과 재화, 어느 것이 더 귀중한 것이냐? 얻음과 잃음, 결국 어느 것이 병이냐? 심히 아끼다가는 반드시 크게 쓰게 되고, 많이 간직하다가는 반드시 크게 망하게 되리. 족함을 알면 위태롭지 않으리. 그리하면 머리가 되고 또 오래가리.

名與身孰親. 身與貨孰多. 得與亡孰病. 甚愛必大費, 多藏必厚亡. 故知足不辱, 知止不殆. 可以長久.(제44장)

【언소】

과하면 파멸을 초래한다

이 장에서는 '만족하는 마음가짐을 유지하면 부끄러운 일도 생기지 않는다. 그만둘 때를 생각하면 위험없이 항상 편안하게 살 수 있다'라는 명언으로 잘 알려져 있다. 만족하는 것, 그만두는 것을 항상 잘 생각하고 있어야 한다고 말한다. 이를 특히 '지족(止足)의 교훈'이라고 한다.

물론 욕심이 좋은 때도 있다. 무언가 하고자 하는 욕심이 있어야 의지도 생긴다. 이러한 욕심은 오히려 가져야만 할 덕목이기도 하다.

문제는 그것이 지나칠 때다. 지나친 욕심 때문에 스스로에게 해를 입히고 심지어는 파멸을 자초하기도 한다. 나중에 '그만두자'라고 생각해도 이미 시기가 늦어버린 경우도 자주 볼 수 있다. 『노자』에서는 이를 경고하고 있다.

『채근담』에서도 비슷한 실천적인 조언을 하고 있다. 그중 세 가지 정도를 들어보자.

- 입에 맞는 진미는 장에 고통을 주고 몸을 썩게 하는 독약이다. 적당히 하지 않으면 건강을 해친다.
- 앞으로 나아갈 때는 반드시 물러설 때를 생각하라. 그리하면 뿔로 울타리를 받은 후 빼도 박도 못하는 양의 신세는 면할 것이요, 일을 시작할 때 먼저 손을 뗄 때를 생각해 두면 비로소 호랑이 등을 타는 위험에서 벗어나리라.
- 재물이 쌓일수록 잃을 때의 손실이 크다. 그런 의미에서 재물이 없는 사람은 잃을 걱정이 없으니 가진 사람보다는 훨씬 낫다. 지위가 높아질수록 그 자리에서 떨어질 위험도 크다. 그런 의미에서 지위가 낮은 사람은 항상 안전하니 낮은 채로 있는 것이 훨씬 더 행복하다.

『채근담』에서 말한 것들은 모두 『노자』의 사상을 근거로 했다는 사실을 알 수 있다.

'지족(止足)의 교훈'

옛사람들 중에서는 완벽하게 이 사상을 실천한 사람도 있다. 그 예로 한(漢)대의 소광(疎廣)이라는 인물을 들 수 있다.

이 사람은 학문에 뛰어난 점을 인정받아 조정에 초빙되어 태자태부(太子太傅)로서 황태자의 교육을 담당했다. 오 년 후 황태자의 학문이 진보되자, 그는 이런 말을 남기며 사임을 청했다고 한다.

"만족을 알면 부끄러움이 없고, 그칠 때를 알면 위협도 없으며, 공적을 세우면 물러나는 것이 하늘의 도라 알고 있습니다. 지금의 관직은 지방 장관에 해당하며, 그에 따른 명예도 얻었습니다. 이럴 때에 물러나지 않으면 후회하게 될 것입니다."

그 후 그는 임금과 황태자의 후한 사례를 받고 지방으로 내려갔다.

지방 향리로 지내면서 그는 매일 친척들과 지인들을 초대하여 사례금으로 연회를 베풀었다고 한다. 그렇게 일 년이 계속되자 그의 자손들은 심기가 불편해졌다. 그대로 가다가는 무일푼이 되고 말 지경이기 때문이었다. 친족 중 연장자가 그를 찾아가 자손들의 심정을 이야기하자 소광은 대답했다.

"아닙니다. 우리 집은 선대로부터 물려받은 약간의 전답과 집이 있으니, 내 자손들이 그것을 근거로 부지런히 노력하면 살아가는 데는 지장이 없을 것입니다. 그러나 황금을 유산으로 남겨주면 갑자기 분에 넘치는 부자가 되고 그러면 게을러지고 방탕한 생활을 하기 십상입니다. 현명한 인간도 뜻을 잃어 어리석게 될 것이며, 과오를 범하게 될 것입니다. 굳이 재물 때문에 세인들의 원한을 살 필요는 없습니다. 나는 내 자손들이 그렇게 되기를 원치 않습니다. 또한 재물은 폐하로부터 받은 것입니다. 그것을 이용하여 모두가 함께 즐기면서 여생을 보내는 것이 좋지 않겠습니까?"

이리하여 소광은 천수를 다할 때까지 산 후 세상을 떠났고 사람들은 그의 삶을 '지족의 교훈을 실천하여 타인의 위협으로부터 벗어난 사람'이라고 평한다.

평범한 사람들이 소광과 같이 되기란 힘들다. 그러나 『노자』의 뜻만이라도 가슴에 새겨두면 커다란 파경을 면할 수 있으리라.

6. 하늘의 도는 늘 좋은 사람과 함께

【해독】

큰 원한을 사면 아무리 화해를 해도 반드시 앙금이 남는다. 다른 사람의 원망을 사는 것은 현명한 처세가 아니다.

도를 깨달은 사람은 만약 채권자의 상황이 되더라도 채무자를 독촉하지 않는다.

덕이 있는 자는 회수를 자제하며, 덕이 없는 자는 마음대로 거두어들이고자 한다.

하늘은 편애하지 않고 늘 덕이 있는 자와 함께한다.

【직역·원문】

커다란 원한은 아무리 잘 화해시켜도 반드시 그 여한이 남는다. 그러니 어떠한 경우에도 어찌 잘했다 할 수 있겠는가? 그러므로 성스러운 사람은 채권자의 좌계를 가지고 있으면서도 채무자를 독촉치 아니한다. 덕이 있는 자는 어음 거래로 결게하고 덕이 없는 자는 현물 거래로 결게한다. 하늘의 도는 편애함이 없으면서도 늘 좋은 사람과 더불어 하느니.

和大怨, 必有余怨, 焉可以爲善. 是以聖人執左契而不以責于人. 故有德司契, 無德司徹. 夫天道無親, 恒與善人. (제79장)

＊契:빚을 내어 줄 때 나누어 가지는 증서
＊徹:빚을 독촉하는 일

【언소】

원망을 사면 어떻게 될까

'하늘의 도는 편애하지 않고 늘 덕이 있는 자와 함께한다' 라는 말 역시 잘 알려진 명언이다. 하늘은 사람의 운명과 능력, 기회 등을 모두에게 골고루 베푼다는 의미다.

이 말은 『노자』 외에도 여러 고전에서 강조하고 있다. 공자의 『논어』 가운데에도 이런 말이 나온다.

"하늘을 원망하지 않고 남을 탓하지도 말라. 아래로부터 익혀 높은 경지에 이르니, 나를 아는 이는 저 하늘인저."

'나는 하늘을 원망하지도 않고 다른 사람에게 책임을 묻지도 않으며, 일상의 문제에서 출발하여 오로지 자신을 향상시키기 위해 노력한다. 그런 나를 이해해 주는 이는 하늘밖에 없다'라는 의미다. 공자 역시 마지막에 마음 둘 곳을 하늘에서 구하고 있다.

이번 장에서는 주로 '원망'에 대하여 이야기하고 있다. 역시 일반적인 문제이며 다른 고전에서도 여러 각도로 다루어지고 있다. 계속해서 『논어』를 예로 들어 공자가 '원망'에 관해 언급한 말을 좀 더 살펴보자.

"이익에 따라 행동하면 원망을 많이 받는다[放於利而行, 多怨]."

"백이(伯夷)와 숙제(叔齊)는 지난날의 나빴던 일을 생각하지 않았고, 원망하는 일이 드물었다[伯夷 叔齊不念旧惡, 怨是用希]."

"가난하면서 원망하지 않기는 어렵고 부자이면서 교만하지 않기는 어렵다[貧而無怨難 富而無驕易]."

"자신을 자책하기를 엄하게 하고 남을 책망하기를 적게 한다면 원망이 멀어질 것이다[子曰 躬自厚而薄責於人 則遠怨矣]."

이 외에도 많지만 이 정도의 예로도 충분하리라 생각한다. 그렇다면 『노자』나 공자 등이 왜 그렇게 원망에 관해 많은 이야기를 한 것일까?

사실 중국 사람들은 일반적으로 '인간이란 원래 집념이 강한 사람이다. 타인의 원망을 사면 언젠가는 반드시 대가를 치르게 되어 있으며, 자신이 그 반대의 상황이 되더라도 마찬가지다' 라는 생각을 하고 있다. 그러므로 평소부터 타인의 원망을 사지 않도록 세심한 주의를 기울인다. 이는 중국 사람들이 생각하는 인간학의 기본이다.

타인의 원망을 사지 않기 위하여

그렇다면 다른 사람으로부터 원망을 사지 않기 위해서는 어떻게 하면 좋을까.

『노자』에 따르면 돈을 빌려주었더라도 비정하게 거두어들이는 것은 좋지 않다고 한다. 또한 앞서 소개한 공자의 말에서도 원한을 사지 않으려면 어떻게 해야 할지 조금은 알 수 있다. 또 다른 고전 『채근담』에서도 좀 더 구체적인 조언을 살펴보자.

"작은 과실은 문책하지 말라. 감춰진 것을 파헤치지 말라. 오래된 상처는 잊어라. 타인에 대한 이 세 가지 말을 명심하면 자신의 인격을 높일 수 있을 뿐만 아니라 타인의 원망을 사지 않을 수 있다."
"다른 사람에게 지더라도 손해를 본 것은 아니다. 상대는 원망하는 마음을 갖지 않기 때문이다. 이기더라도 좋은 것이 아니다. 자신도 모르는 사이에 화를 자초할 수 있기 때문이다."

정말 좋은 지적이다.
일본 사람들은 원래부터 소탈한 기질이라 행여 원망을 사더라도 복수를 당할 일은 드물다. 그러나 개중에는 집념이 강한 사람도 있기 마련이다. 미리 경계해서 나쁠 것은 없다.
원망이란 언제 어디서 누구에게 사게 될지 모르는 경우가 많다. 복수를 당하고 깨달았을 때는 이미 늦다. 그리고 그만큼 대응하기도 힘들어진다.
지금 예를 든 몇 가지 주의 사항을 유념하면 다른 사람의 원망을 사지 않는 데 조금은 도움이 되리라 생각한다.

7. '소국과민(小國寡民)'이 바로 이상적인 사회

【해독】

어떤 사회가 이상적일까?

우선 나라는 작고 인구는 적다. 문명의 이기를 받더라도 사람들은 그것에 신경 쓰지 않는다. 각자의 인생을 즐기며, 다른 곳으로 옮겨 다니지 않는다.

배나 자동차가 있어도 타지 않으며, 무기가 있어도 손에 들지 않는다. 읽고 쓰기를 익히려고도 하지 않는다. 각자의 생활에 만족하며 각자의 생활을 즐긴다.

닭이나 개의 울음소리가 들려올 만큼 가까운 나라가 있어도 왕래할 생각을 하지 않는다.

【직역 · 원문】

가능한 나라의 크기를 작게 하고 나라의 인구를 적게 하라. 온갖 생활의 그릇이 있어도 쓸모가 없게 하라. 백성들로 하여금 죽는 것을 중하게 여겨 멀리 이사 다니지 않게 하라. 비록 배와 수레가 있어도 그것을 탈 일이 없게 하라. 비록 갑옷과 병기가 있어도 그것을 베풀 일이 없게 하라. 사람들로 하여금 다시 끈을 매듭지어 쓰게 하라. 그 먹는 것을 달게 해주며, 그 입는 것을 아름답게 해주며, 그 사는 것을 편안하게 해주며, 그 풍속을 즐겁게 해주어라. 이웃하는 나라들이 서로 바라다 보이는데, 닭 울음소리와 개 짖는 소리가 서로 들려도 백성들이 늙어 죽을 때까지 서로 왕래하지 아니하게 하라.

小邦寡民, 使有十百人之器而不用. 使民重死而遠徙. 有舟車無所乘之, 有甲兵無所陣之. 使民復結繩易用之. 甘其食, 美其服, 樂其俗, 安其居. 隣邦相望, 鷄犬之聲相聞, 民至老死不相往來.(제80장)

*使人結而用之 : 문자가 만들어지기 전 태고의 시대에 끈 매듭으로 의사 교환한 것을 의미함.

【언소】

도연명(陶淵明)이 그린 이상향
『노자』가 생각한 이상향이다. 각 조건들을 살펴보면 다음과 같다.

- 작은 부락 공동체
- 자급자족의 경제 체제
- 반(反)문명의 자연 사회
- 격리되고 단절된 폐쇄 사회

도연명은 『노자』가 말한 것을 근거로 『도화원기(桃花源記)』를 쓰고 '도원향(桃園鄕)'에 대해 그렸으며, 그 내용은 다음과 같다.

"진(晉)나라 태원(太元) 년간에, 무릉에 사는 어부가 강을 따라가다

길을 잃었는데, 갑자기 복숭아꽃이 만발한 숲을 발견했다. 아름답고 향기로운 꽃들이 어지러이 떨어져 있었다. 어부는 이상히 여기고 끝까지 가보았다."

숲이 다하고 강이 끝나자 산이 나타났다. 산에는 작은 동굴이 있는데, 빛이 새어 나오는 것 같았다. 어부는 배에서 내려 동굴로 들어갔다. 조금 걸어 들어가니 갑자기 환히 트이고 밝아졌다. 그곳은 땅이 평탄하며 넓었고 집들이 정연히 있고 기름진 논밭과 아름다운 못, 뽕나무와 대나무 등이 있었다. 논밭의 길은 이리저리로 통해 있고 닭 울음과 개 짖는 소리가 들리는데, 그 속에서 사람들이 왔다 갔다 하며 농사일을 하고 있었다. 남녀의 옷차림은 세상 사람과 완전히 달랐는데, 아이부터 노인까지 모두 즐거워 보였다.

그 사람들은 어부를 보고 크게 놀라면서도 환영하며 어디서 왔느냐고 물었다. 마을 사람들은 한(漢)나라가 있었는지 알지 못하고 위(魏), 진(晉)나라도 알지 못했다. 그들의 조상들이 진(秦)나라 때 난리를 피해서 이곳으로 들어온 후로는 바깥 세상과의 왕래를 끊었다고 했다.

어부는 마을 사람들의 환대를 받으며 며칠 동안을 도원향에서

지냈다.

　무릉에 돌아와서 이 이야기를 하자 다른 사람들 중 그곳에 가 보겠다는 사람들이 많았으나 어느 누구도 도원향을 찾을 수 없었다.

　도연명이 그린 '도원향'은 『노자』에서 말한 이상향과 꼭 들어맞는다.

　『노자』의 이상은 '소국과민'이다. 외부 세계와 단절된 작은 촌락 사회, 자급자족의 생활 등에 대해서는 필자 역시도 어느 정도는 공감한다. 그리고 실제로 그런 곳이 있다면 일주일 정도 여행을 가 마음의 피로를 씻고 싶다.

　그러나 일주일 이상이라면 견디지 못하고 금세 도망 나올 것 같은 생각이 드는 것도 사실이다.

문명사회를 어떻게 살아갈 것인가

　오늘날 우리가 살아가고 있는 문명사회는 '도원향'이나 『노자』의 이상향과는 정반대다. 특히 일본은 경제면에서도 생활면에서도 세계 초일류 국가다.

　문명사회는 매우 편리해서 거기에 익숙해지면 그 사회를 벗어나면 살아가기 힘들어진다. 필자는 업무상 매년 두 번 정도 중국을 드나든다. 시골에 가보면 지금도 우물을 이용하고, 스스로 밭을 일구어 먹고사는 사람들이 있다.

얼마 전 사천성(四川省) 주변을 여행했을 때 호텔 주변을 산책하면서 길옆에서 꽃을 따고 있는 소녀를 보았다. 가까이서 보니 호텔의 종업원이었다. 몇 마디 말을 나누다가 내가 말했다.

"그런 생각이 든다면 일본으로 와서 사는 건 어떤가요?"

소녀는 한참을 생각하더니 이렇게 말하며 미소 지었다.

"아니에요. 저는 이곳이 제일 좋아요."

전원이 좋다는 생각에 한 번 살아볼까도 하지만 막상 실천에 옮기기는 힘들다. 『노자』에서 말한 것처럼 그것은 문명의 독(毒)에 오염된 탓이리라. 물론 문명에 맹독이 있다는 것은 인정할 수밖에 없다.

2, 3일 정도 지방을 방문하고 도쿄 역에 내리면 수많은 인파 속으로 나도 모르게 섞이게 된다. 이따금 다른 사람들의 얼굴을 보면 모두가 살기 어린 얼굴을 하고 있다. 주변의 분위기도 왠지 험악하게 느껴진다.

경쟁 사회 속에서 살아남기 위해 애쓰느라 지친 탓일까, 인간다움을 잃어버리고 인심도 흉흉해져 흉악한 범죄도 끊이지 않는다.

문명이 발달된 만큼 손실도 커졌다. 그러나 한번 익숙해진 편리함을 떨쳐 내기란 쉬운 일이 아니다. 그렇다면 어떻게 해야 할까? 문명에 가능한 한 적게 중독되는 수밖에 없다.

『노자』가 그린 이상향은 우리에게는 말 그대로 어디까지나 이상향이자 꿈일 수밖에 없는 것 같다.

3

열심히 사는 삶

1. '무'가 있기에 '유'도 있다

【해독】

서른 개의 바퀴살을 하나의 바퀴 머리에 모아 수레바퀴를 만든다. 바퀴 머리가 비어 있어야 수레바퀴로 사용할 수 있다.

점토를 빚어 그릇을 만든다. 속이 비어 있어야 무언가를 담을 수 있다.

문과 창을 내어 방을 만든다. 방 안이 비어 있어야 방으로 사용할 수 있다.

이처럼 제 역할을 하는 것은 비어 있는 부분, 즉 '무'의 작용이 있기 때문이다.

【직역 · 원문】

서른 개의 바퀴살이 하나의 바퀴 머리에 모인다. 그 바퀴 머리가 비어 있으므로 수레의 쓰임도 있다. 찰흙을 빚어 그릇을 만든다. 그릇이 비어 있으므로 그릇의 쓰임이 있다. 문과 창을 뚫어 방을 만든다. 방이 비어 있으므로 방의 쓰임이 있다. 그러므로 있는 것이 비면 없는 것의 쓰임이 생긴다.

三十輻同一轂. 當其無, 有車之用也. 埏埴而爲器. 當其無, 有埴器之用也. 鑿戶牖. 當其無, 有室之用也. 故有之以爲利, 無之以爲用.(제11장)

＊輻:수레바퀴의 살. 30개의 살은 천자가 타는 수레를 상징함.
＊轂:살을 안착시켜 통하게 하는 부분.

【언소】

쓸모가 없어서 오래 살 수 있었다

'무'의 효과에 대해 생각해 보자. '무'가 있기에 '유'가 있으며, '유'가 '유'로 성립되기 위해서는 '무'가 있어야만 한다.

장자는 『노자』에서 말하는 '무용의 쓰임새'에 관한 사상을 더 전개시켰다. 『장자』에 이런 이야기가 나온다.

석(石)이라는 동량(棟梁)이 제(齊)나라를 여행하면서 거대한 상수리나무가 신목(神木)으로 받들어지고 있는 것을 보았다. 그 거대함이란 나무 그늘에 수천 마리의 소가 쉴 수 있을 정도였다. 나무줄기는 백 아름이나 되었으며 그 높이는 산과도 같았다.

이 거대한 나무를 보려고 일부러 방문하는 사람은 그 수를 셀 수 없을 정도였고 그 주변은 시장통을 방불케 했다. 석의 제자들도 구경하느라 정신을 뺏겼다.

그런데 석은 거들떠보지도 않고 지나쳤다. 뒤따라온 제자들이 말했다.

"정말로 지금까지 이렇게 멋진 나무는 본 적이 없습니다. 그런데 어째서 선생은 거들떠보지도 않습니까?"

석은 대답했다.

"건방진 소리 하지 말게. 그 나무는 누구에게도 아무런 도움도 주지 못하지. 그 나무로 배를 만들면 가라앉아 버릴 것이고 관을 만들면 금세 썩어버릴 것이라네. 그렇게 성장할 수 있었던 것도 쓸모가 없었기 때문이지."

역시 동량만이 볼 수 있는 통찰력이었다. 동량은 집에 돌아간

날 밤에 꿈을 꾸었는데 꿈에 그 나무의 혼이 나타나 이렇게 말했다고 한다.

"사람도 사물도 모두 유용하면 그 명이 짧아진다네. 그러나 나는 다르네. 지금까지 항상 무용한 것으로 살아왔으므로 이렇게 살 수가 있었지. 자네처럼 쓸모있는 사람이 되고자 하여 명을 줄일 필요는 없지 않겠나."

즉, 유용하면 곧 꺾이게 되며, 무용하면 오래 살 수 있다는 말이다.

『장자』에 또 이런 이야기도 있다.

혜자(惠子)라는 논적(論敵)이 장자에게 말했다.

"당신의 주장은 현실적으로 아무런 도움도 못 되오."

장자가 대답했다.

"내가 말한 무용의 쓰임새를 제대로 안다면 무엇이 유용한가를 알 수 있소. 예를 들어보지. 이 땅은 광대하고 끝 간 데 없지만, 우리가 사용하고 있는 땅이란 발을 디디고 있는 아주 작은 부분에 지나지 않소. 그러니 지금 발을 딛고 있는 부분만 빼고 그 외의 땅을 깊이 파본다면 어떻겠소? 그래도 딛고 있는 그 작은 땅이 우리에게 도움이 되겠소?"

혜자가 말했다.

"그러면 이 땅은 쓸모없어지겠군."

장자는 이렇게 되받아 말했다.

"그것 보게. 그러니 우리가 사용하지 않는 그 넓은 땅이 무용의 쓰임새 아닌가."

'무용의 쓰임새'를 발견하라

말하기는 쉬워도 받아들이거나 실천하기는 다소 힘든 주장이기는 하다. 장자는 이런 내용의 주장을 계속하면서 나중에는 결론으로 이렇게 탄식한다.

"사람들이 모두 유용의 쓰임새만 알고 무용의 쓰임새는 알지 못하는구나."

세상 사람들은 유용성만을 생각하지 '무용의 쓰임새'는 이해하지 못하는 경우가 많다. 이 탄식은 『노자』에서도 마찬가지다.

우리는 특히 '유', 즉 유용성만을 생각한다. 물론 '유'를 경시해서도 안 된다. 그러나 '유'만을 중시한다면 결국 사물의 단면만을 보게 된다.

다면적인 가치관을 가지기 위해서는 '유'와 함께 '무'도 생각해야 한다.

사람을 쓸 때도 유용성만을 추구한다면 업무적으로는 유능할 수 있겠지만 결국 인간적으로 무언가 부족한 것이 생기기 마련이다. 유능한 사람일수록 '무용의 쓰임새'를 생각하여 사고의 폭을 넓혀야 한다.

　이러한 '무용의 쓰임새'는 시간이 흐름에 따라 더욱 확실해진다. 현재는 유용한 것이 5년 전에는 전혀 쓸모없던 것일 수도 있다. 반대로 현재 쓸모없는 것이 5년 전, 10년 전에는 유용한 것이었을 수도 있다. 이런 것들을 볼 수 있는 눈과 힘을 기르면 커다란 수확을 얻을 수 있으리라 생각한다.

　삶의 다양한 현장에서 '무용의 쓰임새'를 발견하면 인생의 새로운 세계가 열릴 것이다.

2. 세속을 유유자적하게

【해독】

'네'와 '응'에 무슨 차이가 있는가. 선과 악에 얼마나 큰 차이가 있는가. 사람들이 두려워하는 것은 나도 두려우며, 어디를 가나 그 끝이 없다.

다른 사람들은 꽃놀이에 술놀음에 모두 즐겁다. 그러나 나만은 아직 웃음조차 터뜨리지 않은 아기와 같이 담담하기만 하다. 돌아갈 곳도 없이 풀이 죽어 있다.

다른 사람들은 모두 차고도 남음이 있는데 나는 그렇지 못하다. 나는 어리석은 사람이라 그 무엇도 분별할 수가 없다. 사람들은 무엇이든 다 알고 있는데 나만은 아무것도 모른다. 다른 사람들은 훌륭한 판단력을 갖추었는데 나는 흰 것과 검은 것조차도 구별하지 못한다.

천천히 일렁이는 바다에 거칠 것 없이 부는 바람, 그것이 내 모습이다.

다른 사람들은 모두 유능한데 나만 쓸모가 없다. 나는 세상 사람들과 떨어져 혼자가 되어 어머니와 같은 '도'를 품고 살고 싶다.

【직역 · 원문】

예하고 답하든 응이라고 답하든 그 얼마나 다르단 말인가? 보기 좋은 것이 있고 보기 싫은 것이 있다지만 눈으로 보는 것일 뿐이라면 그 무엇이 다르단 말인가? 사람들이 두려워하는 바를 나 또한 두려워할 수밖에는 없다. 마음에 중심을 잡지 못해 어디인지 모르게 이리저리 헤매는 것 같아 황망하구나! 사람들은 봄 언덕에 올라 쇠고기와 양고기를 마음껏 먹으며 회포를 풀면서 잔치 기분에 들떠 있다네. 하지만 나 홀로 그럴줄 몰라 홀가분해 아직 웃을 줄도 모르는 갓난아이 같구나! 방랑이 길어 돌아갈 곳이 없는 것 같구나! 사람들은 가진 것들이 많아 여유롭게 살지만 나만 홀로 무엇을 잃어버린 것 같구나! 나는 천하에 바보 같아 순진하기가 이를 데 없구나! 사람들은 시비를 가리는 데 분명하고 똑똑하지만 나 홀로 멍하니 있는 것 같구나! 사람들은 꼼꼼하고 세심하지만 나만 홀로 담담하다. 그 담담함이 마치 소금기 없는 바다 같구나! 이리저리 흘러 다녀 멈출 곳이 없는 것 같구나! 사람들은 모두 잘 적응하고 쓸모가 있지만 나만 홀로 완고하고 누추하구나! 나 홀로 남들과 달라 나를 먹여주고 길러주는 어머니를 귀하게 여긴다.

唯與呵, 其相去幾何. 善與惡, 其相去何若. 人之所畏, 亦不可以不畏. 荒呵, 其未央哉. 衆人熙熙, 若饗于大牢, 而春登台. 我泊焉未兆, 若嬰兒未咳. 累呵, 似無所歸. 衆人皆有余, 我獨遺. 我愚人之心也. 惷惷呵. 俗人昭昭, 我獨悶悶呵. 忽呵其若海, 洸呵若無所止. 衆人皆有以, 我獨頑以鄙. 吾欲獨異于人, 而貴食母.(제20장)

*大:소, 양, 돼지 등의 음식물

【언소】

바보가 되어

『노자』를 누가 썼는지는 알 수 없다. 『사기(史記)』에 따르면 노담과 몇 명의 사람들이 계속 보충을 거듭하여 정리한 후 나중에는 '어느 것이 진짜인지는 잘 알 수 없다' 라는 말을 남겼다.

그렇다면 지금 전해져 오는 『노자』라는 책은 어떻게 정리된 것인가. 전국 시대 백 수십 년 사이에 사상을 같이하는 불특정 다수의 사람들이 손을 모아 지금과 같은 내용이 정리된 것으로 추측된다. 그러나 어느 누구도 원래의 작자가 누구인가 하는 질문에는 답하지 못했다. 아마도 노담이나 그와 가까운 사람이 아닐까 하는 생각만 할 뿐이다.

그 인물을 노자라고 부르기로 하자. 이 장은 드물게 노자의 독백을 그려내고 있다.

전쟁이 끊이지 않던 전국 시대라는 난세, 대륙 거의 전체가 전쟁에 휩싸여 있었다. 그러나 전란과 직접적인 관계가 없는 많은 촌락 공동체는 평소와 다름없는 평화로운 생활을 영위하고 있었을 것이다.

봄이 되면 씨를 뿌리고 가을이 오면 거두어들인다. 마을에는 시장이 서고 제사를 지낸다. 이런 생활이 반복된다.

 노자도 물론 그 반복적인 생활 속에 있었지만 그는 걱정스러운 마음에 사람들과 함께 즐겁고 평화로운 생활을 할 수가 없었다. 그렇다고 해서 전혀 다른 새로운 주장을 할 수도 없었다. 노자는 세속에서 느긋하게 자연과 함께 있으면서도 그의 모습에는 깊은 고독이 서려 있다.

 노자는 스스로 '나는 어리석은 사람이다' 라 말하고 있다. 여기서 말하는 '어리석음' 이란 물론 알기 이전의 '어리석음' 이 아니다. '앎' 의 한계를 깨달은 '어리석음' 이다. 혹은 '앎' 을 떨쳐 낸 '어리석음' 이라고 해도 좋다.

 정치적인 혼란 시대였던 중국에서 '난득호도(難得糊塗)' 라는 말이 생겼다. 명(明)나라 시대의 문인인 정판교(鄭板橋)가 한 말이라고 전해지는데, '어리석어 보이기는 힘들다' 는 의미다.

 그렇게 어렵다는 '어리석어 보이기' 를 실천한 사람이 바로 노자였다.

 노자는 서민 세계에 발을 디디고 있었으나 단순한 서민이 아니었다. 오히려 상당한 지식인이었다. 그래서 먹고 마시며 지내는 일상적인 서민 생활에서 벗어나고자 했고, 결과적으로 그에게는 고독과 우수가 생겼다.

은자(隱者)가 되어

『논어』에는 세상을 등지고 사는 은자가 몇 명인가 등장하여 공자와 이야기를 나누는 부분이 있다. 예를 들어보자.

초나라에서 미치광이 노릇을 하는 접여(接輿)라는 사람이 공자 옆을 지나며 노래했다.

"봉황이여, 봉황이여, 어찌 덕은 쇠하였는가?

지난 꿈은 좇아갈 수 없지만 앞으로의 일은 준비할 수 있다. 그만두자. 그만두자, 지금 정치하는 사람들은 위태롭도다."

공자가 수레에서 내려 함께 이야기를 나누려 했다. 그러나 그가 공자를 피하여 말을 나눌 수 없었다.

공자가 위(衛)나라에 있을 때 경(磬)이라는 악기를 쳤는데 삼태기를 등에 진 어떤 남자가 문 앞을 지나갔다. 그 남자는 경을 치는 소리를 듣더니 혼자서 중얼거렸다.

"무언가 의미심장한 소리로군."

곧이어 또 말했다.

"뭐야, 불만에 가득한 소리잖아. 자기를 알아주는 사람이 없으면 몸을 숨겨 은자가 되면 될 터. 노래 가사에도 '깊으면 가슴까지 벗고 건너

가고 얕으면 옷을 걷어 올리고 건너간다' 라는 말이 있는데 말이야."

노자와 같은 인물도 이러한 은자 계열의 사람 중 하나다. 은자의 생활은 한편으로 보면 재미없고 따분해 보이겠지만 꼭 그렇지만도 않다. 고독한 생활을 보내기 위해서는 강인한 정신력이 꼭 필요하다.

3. 굽히면 온전해진다

【해독】

굽혀야만 생명을 온전히 지킬 수 있다. 구부러져야 펴질 수 있다. 파여야 물을 가득 채울 수 있다. 오래되어야 새로운 생명을 얻을 수 있다. 적게 가져야 얻을 것도 많다. 많이 가지면 곤란한 일이 생긴다.

그러므로 '도'를 깨우친 사람은 한결같이 이것을 지켜야만 이상적인 지도자라 할 수 있으리라.

자신을 옳다 여기지 않으므로 타인에게 인정을 받는다. 자기를 과시하지 않으므로 오히려 다른 사람 위에 설 수 있다. 자기의 공적을 자랑삼지 않으므로 오히려 사람들의 칭송을 받는다. 자기의 재능을 뽐내지 않으므로 다른 사람들의 존경을 받는다. 다른 사람과 경쟁하고자 하지 않으므로 다툴 사람도 없다.

옛사람들도 '굽히면 온전해진다' 라는 말을 했는데 옳은 말이다. 우리의 몸을 온전히 하여 '도'로 돌아가야 하지 않겠는가.

【직역·원문】

꼬부라지면 온전하여지고, 구부리면 펴진다. 파이면 고이고, 낡으면 새로워진다. 적으면 얻고, 많으면 미혹하다. 그러하므로 성스러운 사람은 하나를 껴안고 하늘 아래 모범이 된다. 스스로 드러내지 않으니 밝고, 스스로 옳다 하지 않으니 빛난다. 스스로 뽐내지 아니하니 공이 있고, 스스로 자만치 아니하니 으뜸이 된다. 다투지 아니하니 하늘 아래 그와 다툴 자가 없다. 옛말에 꼬부라지면 온전하다 한 말이 어찌 헛말일 수 있으랴! '도'로 돌아갈지어다.

曲則全, 枉則正. 窪則盈, 敝則新. 少則得, 多則惑. 是以聖人執一, 以爲天下牧. 不自是, 故章. 不自見, 故明. 不自伐, 故有功. 弗

矜, 故能長. 夫唯不爭, 故莫能與之爭. 古之所謂曲全者, 幾語哉. 誠全歸之.(제22장)

【언소】

몸을 굽혀 살아가라

 '굽히면 온전해진다'라는 말은 약자로 '곡전(曲全)'이라고도 하는데 이 말은 『노자』의 처세 철학 가운데 대표적인 말 중 하나다. 몸을 굽혀 살아가는 것이 인생을 온전하게 할 수 있는 길이라는 뜻이다.

 『노자』는 직선적인 삶보다는 곡선적인 삶을 중히 여겼다. 자기주장만을 내세우기보다는 겸손한 자세로 뒷일을 도모하는 것이 더 좋다고 한다. 그것이 훨씬 안전하게 목적을 달성할 수 있는 방법이며, 언제 닥쳐올지 모르는 위험을 피할 수 있는 방법이기 때문이다.

 『장자』에도 '곧은 나무는 맨 먼저 잘리고, 맛있는 우물은 가장 먼저 마른다'라는 명언이 있다.

 똑바로 선 나무는 좋은 재목이어서 가장 먼저 잘려지고 맛있는 물이 나오는 우물은 가장 먼저 말라 버린다는 의미다.

이 또한 『노자』와 동일한 사상에서 나온 것이라 할 수 있다.

『노자』가 말한 '곡전'은 결코 소극적인 패배주의가 아니다. 약자가 자신의 약함을 역이용하여 역전을 꾀하는 방법이다. 생각하기에 따라서는 오히려 배짱 좋은 방법일 수도 있다.

그렇다면 현실 속에서 '곡전'을 응용해서 살리려면 어떻게 하면 좋을까? 이에 관련된 다음과 같은 이야기가 있다.

당나라 때 누사덕(婁師德)이라는 명재상이 있었다. 서역 경로에서 활약이 대단했고 학식도 풍부하며 포용력도 있었다고 한다.

한번은, 아우가 지방 장관으로 임명되어 내려가기 전에 인사를 하러 왔을 때 그는 아우에게 이렇게 조언했다.

" '참을 인 자(字)' 하나만 가슴에 새겨두거라. 아무쪼록 서두르는 일은 없어야 한다."

아우도 각오를 한마디 했다.

"네, 알겠습니다, 형님. 비록 남이 내 얼굴에 침을 뱉더라도 결코 상관하지 않고 잠자코 닦겠습니다."

그러자 사덕이 말했다.

"그것이 바로 내가 염려하는 바다. 어떤 사람이 너에게 침을 뱉은 것은 너에게 뭔가 화가 났기 때문이다. 그런데 네가 그 자리에서 침을 닦으면 상대의 기분을 거스르게 되어 상대는 틀림없이 더욱더 화를 낼 것이다. 침 같은 건 닦지 않아도 그냥 두면 자연히 말라 버리니, 그런 때는 웃으며 침을 받아두는 게 제일이다."

아우는 이 충고를 좇아 처음부터 끝까지 임기를 잘 마쳤다고 한다.

물론 이 이야기는 다소 극단적인 예일 수 있다. 아무리 '곡전'이 좋다고는 해도 이 정도라면 참을 수 없는 사람들이 많을 것이다. 『노자』에서도 그렇게까지 하기를 바라지는 않는다.

그렇다면 상대를 거스르지 않고 겸허하게 받아들이며 위기를 잘 넘기기 위해서는 어떻게 하는 것이 좋을까? 우선 자기 나름의 견식을 쌓아두면 어느 정도까지는 자존심을 지킬 수 있다. 그리고 근본적으로 의견 차이가 생길 경우에는 냉정하고 조리있게, 그리고 가능한 부드럽고 온화하게 자신의 주장을 펼쳐야 한다. 요컨대, 항상 상대방에 동조할 것이 아니라 경우에 따라서는 상대방의 의견에 반대할 수 있는 자신을 확립하는 것이 좋다.

'곡전'은 확실한 책략

또한 '곡전'은 책략의 한 방법으로 사용되기도 했다.

예를 들면 『손자』의 병법에 이런 말이 나온다.

"전쟁을 시작하면 처녀처럼, 적이 성문을 개방한 후에는 탈출하는 토끼처럼 행동하여 적군이 항거할 수 없게 한다."

처음에는 처녀처럼 행동하여 적의 방심을 유도한다. 그리고 탈출하는 토끼처럼 맹렬하게 적을 공격하면 적은 반항할 수 없다는 의미다.

이 역시 '곡전'을 응용한 것이라 할 수 있다.

강력한 상대를 정면으로 맞선다면 이길 가망이 없다. 그러니 일단은 처녀와 같이 꾸며 상대를 꾀라는 말이다. 물론 처녀처럼 한다고 해서 아무것도 하지 않고 그저 가만히 있어서는 안 된다. 속으로는 여러 가지 작전을 구사하여 상대의 전력을 약하게 만들어야 한다. 그 후 상대가 방심한 순간 단번에 물리쳐야 한다.

또한 이 전략이 성공할 수 있는 열쇠는 처녀처럼 행동하는 훌륭한 연기력에 있다는 점은 말할 것도 없다.

결국 '곡전'은 확실한 책략이다.

4. 뺏고 싶으면 일단 주어라

【해독】

줄이고자 한다면 우선 펼쳐야 한다. 약해지고자 한다면 먼저 강해져야 한다. 쫓아내고자 한다면 우선 우리 편으로 만들어야 한다. 뺏고자 한다면 우선 주어야 한다.

이것이 속을 알 수 없는 지혜다. 유약한 것이 강한 것을 이기기 마련이다.

물고기는 물에서 나오면 살 수 없다. 마찬가지로 나라를 다스리는 요체(要諦)는 다른 사람에게 보여서는 안 되며, 마음속 깊이 비밀로 간직해 두어야 한다.

【직역 · 원문】

장차 접고자 한다면 반드시 먼저 펴야 한다. 장차 약하게 하려면 반드시 먼저 강하게 해야 한다. 장차 폐하고자 한다면 반드시 먼저 흥하게 해주어라. 장차 뺏으려면 반드시 먼저 주거라. 이것을 일컬어 어둠과 밝음의 이치라 한다. 부드럽고 약한 것이 딱딱하고 강한 것을 이기기 마련이니라. 물에 사는 물고기는 연못을 뛰쳐나와서는 아니 되니 나라의 이로운 기물은 사람에게 보여서는 아니 된다.

將欲翕之, 必姑張之. 將欲弱之, 必姑强之. 將欲去之, 必姑興之. 將欲奪之, 必姑予之. 是謂微明. 柔弱勝强. 魚不可脫于淵. 邦利器不可以示人.(제36장)

【언소】

달아날 방법을 모색해 두라
 '뺏고자 한다면 우선 주어라'라고 했다. 정말로 확실한 방법이 아닌가.

일본 사람들은 이러한 권모술수를 품고 전략적인 사고를 하는 데 매우 약하다. 너무 솔직해서 그런 것일 수도 있다. 그러나 빠르게 변화하는 국제 사회에서 살아남기 위해서는 이대로는 안 된다.

'확실하게 빠져나갈 구멍'이라든지 '권모술수' 등의 말은 아무래도 나쁜 뜻으로만 받아들여지는 것이 사실이다. 특히 성심성의나 성실함을 중시하는 사회에서 섣불리 이런 이야기를 꺼냈다가는 '추잡하다', '야비하다' 등의 비난을 받기 일쑤다. 또한 신뢰 관계를 구축하여 형성되는 업무에 지장을 주기도 한다. 그러니 이런 방법을 사용할 때는 어디까지나 신중해야 한다.

더 큰 문제는 상대가 그 방법을 사용할 때다. 쉽게 속아 넘어가서는 곤경에 처할 수 있다.

오늘날은 정치나 경제를 비롯한 모든 분야가 다 국제적이다. 미국, 중국 할 것 없이 다 그렇다. 우리도 이대로 가만히 있다가는 비난을 면할 수 없을 것이다.

불황의 늪에 빠져 있던 일본 기업이 미국의 자본을 이용했지만 더 큰 불황만 초래한 경우도 있다. 또한 중국 시장에 활로를 뚫어보고자 노력했지만 실패로 끝나 버린 기업도 있다.

그렇다면 상대와 효율적으로 손을 맞잡기 위해서는 어떻게 하면 좋을까? 역시 필요할 때 적절하게 사용할 수 있는 빠져나갈 구멍이나 권모술수를 생각해 두는 것이 좋다.

미국이나 중국뿐만이 아니다. 세계 각 나라들은 모두 산전수전을 다 겪은 프로들이다. 그 속에서 살아남기 위해서는 물론 성심성이나 성실도 필요하다. 이를 경시해서는 절대로 안 된다.

단, 권모술수는 잘못 사용하면 부메랑이 되어 돌아올 위험도 있다. 그러므로 가능한 신중하게 사용해야 한다. 최후의 보루로 사용하는 것이 가장 최선책이리라.

노자식의 통치 방법

이번 장의 마지막 문장은 '나라를 다스리는 요체는 다른 사람에게 보여서는 안 되며, 마음속 깊이 비밀로 간직해 두어야 한다'이다. '나라를 다스리는 요체'는 원문에서 '이로운 기물'이라고 표기되어 있다. 그렇다면 이 '이로운 기물'이란 구체적으로 어떤 것을 가리키는가?

전국 시대 말기의 사상가 한비자는 어떤 의미에서 『노자』의 이러한 통치 이론을 발전시켰다. 한비자에 따르면 군주가 나라를 다스리기 위해 필요한 것은 바로 '법'과 '술(術)'이라고 한다.

'법'이란 문자 그대로 법률을 뜻한다. 명문화하여 부하들과 국민에게 알리고 위반한 사람에게는 확실한 벌을 내려야 한다고 말했다.

또 '술'은 '법'처럼 명문화된 것은 아니지만 군주가 스스로 마음속에 숨겨두고 부하들을 통제하는 방법을 일컫는다. 요즘 말로 '노하우'와 비슷한 의미가 되겠다. 『노자』가 말한 '이로운 기물'은 바로 '술'과 같은 의미라 할 수 있다.

그렇다면 '술'이란 무엇인가. 두 가지 정도로 생각해 볼 수 있다.

첫째, 상벌의 권한을 가지는 것이다. 오늘날 기업으로 치자면 인사권 정도로 생각할 수 있겠다. 그것이 있으면 부하를 자유자재로 부릴 수 있다.

둘째, 근무 평정이다. 이는 상벌을 행사하는 전제다. 이를 확실히 행사하는 것도 부하를 부리는 비결이라 할 수 있다.

'술'이야말로 한비자식 통치 이론의 근간이며, 『노자』가 말한 권모술수의 연장선상에 있다고 할 수 있다.

5. 모두 없앤 후에야 '무위'에 도달한다

【해독】

학문을 닦는 사람은 매일매일 지식이 쌓이지만 도를 닦는 사람은 지식이 줄어든다. 계속 줄어든 결과 무위의 경지에 도달한다. 거기에 이르면 무엇이든 못하는 것이 없다.
천하를 얻고자 한다면 무위의 경지에 도달해야만 한다. 섣부른 책략에만 의존해서는 천하를 얻을 수 없다.

【직역 · 원문】

학문을 하면 지식이 늘고 도를 하면 지식이 준다. 줄이고 또 줄여 무위에 이르게 되므로 무위는 억지로 하지 않을 뿐, 하지 못할 것이 없다. 그러므로 천하를 얻은 자는 항상 억지로 만들어내는 일이 없어야 한다. 억지로 만들어 하는 일이 있으면, 천하를 얻어 다스린들 만족할 수가 없다.

爲學者日益, 聞道者日損. 損之又損, 以至于無爲. 無爲則無不爲. 將欲取天下也, 恒無事. 及其有事也, 又不足以取天下矣.
(제48장)

【언소】

줄일 것을 생각하라

이번 장에서도 '무위'에 관해 설명하고 있다.

학문적인 지식은 사회인으로서 이 세상을 살아가기 위해 꼭 필요하다. 그런데 『노자』가 쓰인 시대의 학문이나 지식은 극히 일부 사람들만의 것이었다. 그러므로 학문을 한다는 것은 현대와는 비교할 수 없을 만큼 큰 가치였다고 할 수 있다.

그러나 『노자』는 그러한 상황 속에서 학문이나 지식을 전면 부정하고 있다. 그 이유는 다음 두 가지 정도를 들 수 있다.

- 학문을 하면 인간이 원래 지니고 있는 소박한 인성을 잃어버리고 사람을 속이거나 기만하는 간교함이 발달하게 된다.
- 학문을 하면 하찮은 지식에 사로잡혀 모든 것을 부정하면서 옳은 것을 찾아 헤매기만 하게 된다.

실제로 위의 사실을 부정할 수는 없다. 특히 오늘날과 같이 지식의 미망에 사로잡혀 있는 시대에 『노자』의 주장은 설득력이 있다.

줄여야 좋은 것은 지식뿐만이 아니다. 『노자』의 가르침을 계승한 『채근담』에서도 이와 같은 말이 나온다.

"인생 1분을 감소하면 1분을 초탈하게 된다. 사귐을 줄이면 분란을 면할 수 있다. 언어를 줄이면 건우(愆尤)에서 벗어날 수 있다. 생각을 줄이면 정신력 소모를 줄일 수 있다. 총명함을 줄이면 혼돈을 피할 수 있다. 줄이고자 하지 않고 늘리려고만 하는 사람은 질곡을 벗어날 수 없다."

쉬운 말로 번역하면 다음과 같다.

"우리의 인생에서 무엇이든 감소만 하면 그만큼 속세에서 벗어날 수 있다. 예를 들어 교제를 줄이면 다툼을 면할 수 있다. 말수를 줄이면 비난을 덜 받을 수 있다. 분별하기를 줄이면 마음의 피곤을 줄일 수 있다. 지식을 줄이면 본성이 온전해진다. 줄일 생각은 하지 않고 늘릴 생각만 하는 사람은 인생에 얽매인다."

생각해 보면 우리는 하찮은 일에 매달려 무언가를 늘리는 일에만 열중하며 바삐 살아가고 있다.

원(元) 나라 시대 야율초재(耶律楚材)라는 명재상이 있었는데 이 사람은 정치의 요체도 줄여야 한다고 주장하면서 이렇게 말했다.

"이익이 생긴 만큼 손해도 생긴다. 한 가지 일이 생기면 한 가지 일이 줄어든다."

유익한 일 하나가 생기면 유해한 일 하나를 제거해야 하고 새로운 일을 하나 시작하면 다른 일 하나를 줄이는 것이 중요하다는 의미다.

이 명언은 재정을 재건하는 등의 큰일이 있는 경우에 특히 더 중요한 말이리라.

'무위'로 자유롭게 대응할 수 있다

『노자』에서의 가르침은 단순히 줄이는 것 이상의 '무위'다.

'무위'란 앞서 말한 바와 같이 그저 아무것도 하지 않고 가만히 있는 것이 아니다. 어떻게 보면 그렇게 보일 수도 있다. 그러나 무위 속에 어떠한 자신의 모습을 갖추느냐가 중요한 문제다. 그러므로 그 모양만을 흉내 내어서는 안 된다.

그렇다면 '무위'란 어느 정도의 경지를 말하는 것일까? 『장자』에 나온 내용을 참고로 살펴보자.

"지인(至人)의 마음 씀은 거울과 같다. 다가오는 것을 맞이하면서 대응한다. 그러므로 모든 것에서 승리하되 상처받지 않는다."

좀 더 쉽게 풀이하면 이렇다.

"지인의 마음은 거울과 같다. 결코 스스로 움직이는 법이 없다. 오래전의 일이든 먼 미래의 일이든 고민하지 않는다. 오는 것은 그대로 맞이하고 가는 것을 막아서지 않는다. 그러므로 어떤 일에든 대응할 수 있고 스스로 상처받는 일도 없다."

'지인'이란 『장자』에서 나온 표현으로 '도'를 깨우친 사람을 뜻한다. 그런 사람은 모든 고정관념을 버린 상태다. 그래서 어떠한 사태에도 자유자재로 대응할 수 있다. 무능하게 보이면서도 사실은 유능의 극치를 간직하고 있다.

『노자』에서 말하는 '무위'를 실현하기 위해서는 이 정도의 경지에 이르러야 한다.

6. 이것이 열심히 살아가는 지혜다

【해독】

　항상 '무위'를 마음에 새기고 무엇이든 담담하게 대처하라. 어떠한 경우에도 노여움은 덕으로써 갚아라. 힘든 것은 쉽게 처리하고 중요한 일은 하찮게 생각하라.
　아무리 힘든 일도 쉬운 일로부터 생긴 것이고, 아무리 중요한 일도 하찮은 일로 시작된다. '도'를 깨우친 사람은 처음부터 중요한 일을 만들어내고자 하지 않는다. 그래서 더 잘 이루어내는 것이다.
　무릇 쉽게 받아들인 부탁은 불신의 근원이 되고 쉬운 일도 더욱 어렵게 만든다. '도'를 깨우친 사람은 어떠한 경우에도 힘들 것을 각오해 둔다. 그래서 그 벽을 더 잘 뛰어넘는다.

【직역·원문】

무위하라. 무사(無事)를 받들어라. 맛없는 것을 맛보라. 큰 것은 작은 것에서 비롯되고 많은 것은 적은 것에서 생긴다. 덕으로 원한을 갚아라. 어려운 일은 쉬운 일에서 계획되고, 큰일은 사소한 일에서 빚어진다. 천하에 어려운 일은 반드시 쉬운 일에서 도모되고, 큰일은 반드시 사소한 일에서 꾸며진다. 이로써 성인은 끝끝내 크게 되려고 하지 않는다. 그래서 성인은 큰일을 이룰 수가 있다. 무릇 경솔한 약속은 신빙성이 적고, 너무 쉽사리 처리된 것은 반드시 일을 어렵게 한다. 이와 같으므로 성인은 쉬운 일도 어렵게 하는 것처럼 보인다. 그리고 이렇게 해서 성인에게는 끝내 어려움이란 없다.

爲無爲, 事無事, 味無味. 大小多少, 報怨以德. 圖難乎其易也, 爲大乎其細也. 天下之難作于易, 天下之大作于細. 是以聖人終不爲大, 故能成其大. 夫輕諾者必寡信, 多易必多難. 是以聖人猶難

之. 故終于無難.(제63장)

【언소】

'노여움을 덕으로 갚으라'
잠언과 같은 이번 장에서 설명하고 있는 것은 살기 힘든 세상에서 안전하고도 확실하게 살아남기 위해서 필요한 덕목과 위기나 실패를 극복하고 성공하기 위해서 가져야 할 마음가짐에 대해 설명하고 있다.

이 짧은 문장 안에 다음과 같은 의미들이 들어 있다.

- 노여움을 덕으로 갚아라.
- 어려운 일은 쉬운 일에서 계획되고, 큰일은 사소한 일에서 빚어진다.
- 쉽게 하는 약속은 신빙성이 적다.
- 쉬운 일이 많으면 어려운 일도 많게 마련이다.

우선 '노여움을 덕으로 갚아라'에 대해서는 『논어』에도 관련된 말이 나온다.
'덕으로써 노여움을 갚으라고 했는데 어떻게 생각합니까?' 라는 질문에 공자는 대답했다.

"이성으로써 노여움을 갚고 덕으로써 덕에 보답해야 하느니라."

노여움에 대해서는 이성으로 대응해야 한다는 뜻이다. 이는 지극히 상식적인 생각이다.

이에 반해 『노자』는 노여움도 덕(선의)으로 갚으라고 말한다. 노여움에 대해 노여움으로 복수를 하면 상대방의 노여움을 사고 그 결과 연쇄 반응이 계속되기 때문이다. 『노자』는 그런 삶의 방식을 원치 않았다.

"쉽게 하는 약속은 신빙성이 적다"라는 말에서 '신'은 거짓말을 하지 않는 것을 뜻하며 주변 사람들과의 신뢰에 직결되는 문제다.

세상에는 아무렇지도 않게 거짓말을 하는 사람들이 적지 않다.

우리는 가능한 거짓말은 하지 않으려 노력하지만, 때로는 어쩔 수 없이 거짓말을 하게 되는 경우가 있다. 그렇게 되는 원인 중 하나가 바로 '쉽게 하는 약속'이다. 특히 술이라도 마셔서 분위기가 오른 때에는 아무 생각 없이 "네, 그럼요! 그렇게 하죠. 어떻게든 꼭 해보죠"라는 식으로 호언장담을 하곤 한다. 이렇게 쉽게 한 약속일수록 제대로 되지 않는 경우가 많고 그 결과 상대의 신뢰를 잃어버린다.

『노자』도 이를 경고하고 있다.

작은 일을 소중히

위에서 예를 든 모든 명언들도 성공을 위한 열쇠가 될 수 있는 말들이다. 아무리 쉬워 보이는 작은 일도 소홀히 하거나 하찮게 여겨서는 안 된다. 한 걸음 한 걸음 신중하게 나아가는 것이 성공의 비결이다. 또한 최선을 다하되 처음의 긴장감을 끝까지 지속시켜야 한다.

이런 주장을 한 것은 비단 『노자』뿐만이 아니다.

"군자는 처음을 신중히 여긴다. 처음에 오류를 범하여 1리를 잘못 가면 그것이 후의 1,000리를 잘못되게 하기 때문이다." 『예기(禮記)』

오늘날도 첫 단추를 잘못 채워 문제가 생기면 나중에 해결하기 더욱 힘들다는 사실은 모두가 알고 있다.

"1,000척이나 되는 거대한 제방도 개미구멍 하나로 무너질 수 있으며, 사방 100척의 큰 저택도 아궁이의 불씨 하나로 타서 무너질 수 있다." 『한비자』

작은 것에 신경 써야 함을 경고하는 말이다.

"세상에서 일어나는 큰일들은 모두 작은 일에서부터 생겨난다. 작은 일이라고 하찮게 여겼다가 그것이 큰일이 되었을 때는 후회해도 이미 늦다."『정관정요』

작은 불씨 하나가 큰 화재의 원인이 된다는 의미를 담고 있다.

이 말들을 오늘날의 기업 사회에 적용해 보자. 계속해서 생겨나는 불상사들은 '이 정도쯤이야 괜찮을 거야'라는 안일한 생각 때문에 발생했다.

이와 같은 선인들의 충고를 가슴에 새겨두면 작은 것에서 비롯되는 불상사를 줄일 수 있을 것이다.

7. '싸우지 않는 덕'을 기르라

【해독】

　장수 노릇을 잘하는 자는 무력을 쓰지 않는다. 잘 싸우는 자는 노여움을 드러내지 않는다. 적을 잘 이기는 자는 마주 싸우지 않는다. 사람을 잘 다스릴 줄 아는 자는 자신을 낮출줄 안다. 이것을 일컬어 '싸우지 않는 덕'이라 한다. 싸우지 않는 덕은 사람을 잘 다스리는 방법이라고 하며 하늘의 뜻이라고도 한다. 바로 이것이 '예'의 준칙이다.

【직역 · 원문】

지극히 선비된 자는 다투지 않으며, 선한 싸움을 하는 자는 노하지 않는다. 선한 상대를 이긴 자는 이게 싸움을 그칠 것이며, 좋은 벗을 얻은 자는 오히려 자신을 낮추느니라. 이것이 바로 다툼을 멀리하는 덕이며, 좋은 벗을 옆에 둔다 함이니, 이 모든 것은 하늘의 뜻과 하나가 됨이리라. 이 또한 지극히 오래된 진리이니.

故善爲士者不武. 善戰者不怒. 善勝敵者弗與. 善用人者爲之下. 是謂不爭之德, 是謂用人, 是謂配天, 古之極也. (제68장)

【언소】

일부러 일을 만들지 않는다

'도'를 깨우친 사람은 인간관계에서든 사회관계에서든 함부로 일을 만들지 않는다. 앞서 '상선약수'라는 말이 나왔는데 이번 장에서 말하는 것도 그 연장선상이라 볼 수 있다. 그렇다면

'부쟁(不爭)의 덕' 이란 무엇일까.

누구나 무력이 있으면 그것을 행사하고 싶은 욕구가 생기게 마련이다. 그것을 억제하기란 쉬운 일이 아니다. 최근 미국이 하는 행동만 보아도 잘 알 수 있다.

미국은 현재 세계 최고의 강대국으로서 지구촌 지도자와 같은 위치에 있다. 그러나 자꾸만 무슨 일이든 무력으로 해결하려는 모습을 보이고 있다.

이란이나 아프간에 대해 하는 행동은 그 극치를 보인다. 이런 행동은 장기적인 안목에서 세계 사람들의 지지를 얻을 수 없다. 강대국일수록 『노자』가 가르친 '부쟁의 덕'을 마음에 새겨야 한다.

역사를 돌이켜 보면 명군이라 불리는 왕들은 모두 '부쟁의 덕'을 잘 지켰다.

당나라 시대, 현재 베트남 부근에 해당하는 지역에 임읍(林邑)이라는 나라가 있었다. 그 나라는 조공을 바치면서도 불만을 자주 터뜨렸다. 그래서 당나라의 신하들 사이에서는 임읍을 토벌하자는 주장이 드높아졌다. 그러나 당의 시황제 태종(이세민)은 이렇게 말했다.

"병기는 무기다. 불가피할 때만 쓰는 것이다. 후한의 광무(光

武)제도 한번 군을 잘못 동원하고 나서는 머리가 하얗게 세었다고 한다. 옛날부터 병기를 즐겨 사용한 자는 모두 멸망했다. 그러니 함부로 병기를 동원해서는 안 되는 법이다. 그 나라 사자의 말에 다소 불만스러운 표현이 있었더라도 그저 흘려 넘겨 버리면 그만이다."

결국 원정군은 보내지지 않았다.

당 태종은 중국 역사 속에서 굴지의 명군이라 여겨진다. 그 평가 속에는 그가 군사적 행동을 자제하는 모습에 대한 칭송도 들어 있다고 생각한다.

당태종과는 달리 군사 행동 때문에 후대의 평가에 스스로 오점을 남긴 사람이 바로 한의 무제(武帝)다.

그 역시 '웅재대략(雄才大略:크게 뛰어난 재능과 원대한 지략을 지닌 사람—옮긴이)'이라 불릴 정도로 통이 큰 지도자였다. 그러나 매년 남으로 북으로 대규모의 군사 행동을 일으킨 결과 국가 재정은 파탄에 이르렀고 후대의 사가들은 그를 '궁병독무(窮兵黷武)'라 비판했다. '병사들을 궁하게 하고 무를 독하게 한다.' 즉, 무력을 활용하여 무덕을 더럽혔다는 뜻이다.

가까운 예로는 근대 일본을 들 수 있다. 근대 일본은 구미 제국의 중압감 속에서 비약적인 약진을 꾀하느라 군사력을 도가 지나치게 휘두른 결과 자멸하였다.

그렇다고 해서 일부 평화주의자들의 주장처럼 군사력 자체가 전혀 필요없다는 것은 아니다. 제지하는 능력이나 방어 능력이 필요하다는 것은 『노자』에서도 인정했다. 단, 그 행위를 할 때는 아무쪼록 신중하게 해야 한다고 주장한다.

사람을 잘 부리는 사람은 상대에게 저자세로

위와 같은 의미를 사람과 사람 사이의 관계로 적용해 봐도 마찬가지다. 특히 상사로서 부하 직원을 부릴 때는 더욱 그렇다. 『노자』에 나온 '사람을 잘 부리는 사람은 상대에게 저자세를 취한다'라는 말을 잘 음미해 보자.

상사는 어쨌거나 부하 직원에게 어느 정도의 권력을 행사하고 있는 사람이다. 부하로서는 상사가 말하는 것에 다소 무리가 있더라도 그냥 들어주어야 한다.

그때 상사가 자신의 힘을 과시하면 부하 직원의 반발을 사게 된다. 자칫하면 면종복배(面從腹背: 앞에서는 순종하는 체하고 돌아서는 딴마음을 먹음—옮긴이)의 위기까지 이를 수도 있다.

이에 관한 실천적인 가르침으로 『신음어(呻吟語)』의 한 구절을 들어보자.

"사람들에게 알리고 싶지 않은 비밀은 고의로 폭로해서는 안 된다. 잘못을 인정하는 상대에게는 더 이상 화를 내서는 안 된다. 이는 상대보다 더 큰 힘을 가진 사람이 마음에 새겨두어야 할 덕목이다."

4

힘차게 사는 삶

1. 자신을 내세우지 말고 숙이라

【해독】

하늘과 땅은 영원하다. 이는 자신만을 위해 살지 않기 때문이다. 그러므로 영원한 생명을 부여받은 것이다.

도를 깨달은 사람도 마찬가지다. 스스로 앞서거나 나서지 않으므로 오히려 더 다른 사람 앞에 설 수 있게 된다. 스스로를 경시하므로 오히려 다른 사람에게 더 귀히 여김을 받는다.

자기를 버리므로 오히려 자신을 살릴 수 있다.

【직역·원문】

 하늘은 너르고 땅은 오래간다. 하늘과 땅이 능히 그럴 수 있음은, 자기의 삶을 조작하지 않기 때문이다. 그래서 오래 살 수 있다. 그러므로 성스러운 사람은 몸을 뒤로하기에 그 몸이 앞서고, 몸을 내던지기에 그 몸이 존하다. 이것은 사사로움이 없기 때문이 아니겠는가? 그러므로 능히 그 사사로움을 이룰 수 있는 것이니.

 天長, 地久. 天地之所以能長且久者, 以其不自生也. 故能長生. 是以聖人退其身而身先, 外其身而身存. 不以其無私與. 故能成其私.(제7장)

【언소】

 무사(無私), 무욕(無慾)하라
 '성스러운 사람은 몸을 뒤로하기에 그 몸이 앞선다.' 자신이 스스로 앞에 서고자 하지 않으므로 오히려 다른 사람들이 자신을 앞에 서게 해준다는 이 말 역시 『노자』의 처세 철학 중 대표적인 것이다.

　물론 앞에 서고자 하지 않는다는 것이 단순히 겸손의 미덕은 아니다. 그렇게 하는 것이 위험을 최소화할 수 있는 최선의 방법이거니와 또한 사람들이 오히려 자신을 앞세워 줄 것이라는 확실한 계산까지도 들어 있어야 한다. 바로 이 점이 『노자』의 처세철학의 극치다.

　스스로를 잘 살리기 위해서는 '무사하고 무욕하라' 라는 말이 있다. 하지만 우리는 이 말을 머리로는 이해하지만 실제 행동으로 옮기기는 매우 힘들다.

　어느 시대나 현실은 사심에 가득 차 있다. 필자 역시 가능한 그렇게 되지 않으려 노력하고 또 바라지만, 쉽지 않다. 사심을 버리려면 아무래도 높은 달관의 경지 정도는 필요할 것 같다.

　사심이 지나치게 되면 상대방도 그것을 민감하게 받아들이고 반발하여 마찰이 생길 수도 있다. 이를 피하기 위해서는 상대와 자신의 사심에 원만한 타협이 필요하다. 이를 위한 실천적인 조언을 살펴보자.

　『채근담』에서는 이렇게 말한다.

"성공이 있으면 반드시 실패도 있다. 이를 유념하면 성공을 위해 무리하게 달려들지 않을 것이다. 삶이 있으면 반드시 죽음이 있다. 이 이치를 안다면 오래 사는 것에 지나치게 애태우지 않을 것이다."

『신음어』에서는 또 이렇게 말한다.

"인간의 욕망에는 끝이 없지만 정력은 한계가 있다. 한계가 있는데도 끝없이 욕망만을 채우려고 한다는 것은 헛수고다. 그 마지막 결과란 정력도 근력도 다 소모되고 죽음에 이를 뿐이다."

위 두 가지 정도만 실천해도 『노자』가 경고한 위험을 피할 수 있을 것이다.

사심을 줄이라

『노자』에서 말한 무사와 무욕은 위의 『채근담』이나 『신음어』에서 말한 것보다 훨씬 그 차원이 높다. 그렇다면 그 수준까지 도달하기 위해서는 어떻게 하면 좋을까? 『노자』에서는 '도'를 체득하고 '천지자연의 이치'에 따르면 된다고 한다.

'천지자연의 이치'를 이해하기 위해서 공자의 말을 인용해 보자. 공자는 만년의 심경을 하늘에 고백하면서 이렇게 말했다.

"하늘은 아무 말도 하지 않지만 사계절은 돌아가고 만물은 성장한다. 하늘은 아무 말도 하지 않는다."

공자는 자신이 마지막으로 가야 할 마음의 안식처를 하늘에서 구하고 있는데 『노자』에서도 마찬가지다.

현실에서 그러한 인물을 꼽자면 사이고 다카모리[西鄕隆盛]를 들 수 있다. 메이지[明治] 시대의 원훈(元勳)인 기도 다카요시[木戶孝允]는 사이고를 이렇게 평가한다.

"명(命)도 원하지 않고 명(名)도 원하지 않으며 지위나 재력도 원하지 않는 사람은 정말로 대하기 힘들다."

사이고야말로 『노자』에서 그리는 이상적인 사람에 가깝다고 할 수 있다. 역시 많은 사람들의 추앙을 받을 만하다. 사실 사이고의 좌우명도 '경천애인(敬天愛人)'이었다고 한다.

우리 역시 사이고와 같은 인간상을 원한다면 사심을 조금씩 걷어내야 한다. 특히 지도자의 위치에 있는 사람이라면 더욱 노력해야 한다.

2. 이것이 이상적인 인간상이다

【해독】

'도'를 깨달은 사람은 알 수 없는 깊은 맛이 있다. 그러므로 설명할 수도 없지만 굳이 형용하자면 이렇다.

물이 깊은 하천을 건널 때처럼 신중하다.
사방이 적으로 둘러싸인 것처럼 준비에 철저하다.
손님으로 초대받아 간 것처럼 조심스럽다.
얼음이 녹듯 얽매임이 없다.
가공하지 않은 원목처럼 꾸밈이 없다.
탁한 물과 같이 포용력이 있다.

대자연의 모습처럼 드넓다.

계속 탁한 것처럼 보여도 어느샌가 맑아져 있고, 정지한 듯 보여도 풍부한 생명력을 가지고 있다.

'도'를 깨우친 사람은 완전함을 바라지 않는다. 그러므로 피어날 때도 잘난 체하지 않는다.

【직역·원문】

도의 경지에 들어간 선비는 그 모습이 미묘하고 매우 깊어서 아무리 헤아려도 알 수가 없다. 굳이 그 모습을 비유해 본다면 다음과 같을 것이다. 추운 겨울 냇물을 건너기를 망설이는 코끼리 같구나! 사방을 두리번거리며 두려워서 조심하는 개 같기도 하구나! 손님으로 초대받아 간 것처럼 엄숙하구나! 앞으로 녹아 물이 될 얼음처럼 풀리는구나! 그냥 있는 그대로의 나뭇등걸처럼 꾸밈이 없구나! 텅 빈 고을처럼 비어 있구나! 탁류에 휩쓸려 있는 것 같지만 맑은 물이구나! 누가 탁류에 머물러, 가만히 있으면서도 서서히 맑게 할 것인가? 누가 편안히 오래 머물러 서서히 맑음을 살아나게 할 것인가? 이러한 도를 간직한 자는 무슨 일이든, 그 무엇이든 채울 욕심을 내지 않는다. 그러므로 그러한 이는 있던 것을 버리고 새 것을 이룩하려고 하지 않는다.

古之善爲道者, 微妙玄達, 深不可志. 夫唯不可志, 故强爲之容. 曰, 與呵, 其若冬涉水. 猶呵, 其若畏四隣. 儼呵, 其若客. 渙呵, 其若凌釋. 沌呵, 其若樸. 涽呵, 其若濁, 曠呵, 其若谷. 濁以靜之, 徐淸. 安以動之, 徐生. 葆此道者不欲盈. 夫唯不欲盈, 是以能敝而不成.(제15장)

【언소】

신중하며 준비에 철저하라
 이번 장도 『노자』가 그린 이상적인 인간상이다. 좀 더 상세하게 내용을 음미해 보자.

• 물이 깊은 하천을 건널 때처럼 신중하다.

 위험이 어느 정도일지는 알 수 없으나 항상 무리하지 말고 안전을 기하라는 의미다. 그래야만 무거운 책임을 져야 할 일도 안

심하고 맡길 수 있다. 『시경(詩經)』이라는 고전에 '전전긍긍하며 두려워하기를 마치 깊은 연못에 임하듯, 살얼음을 밟고 가듯 하라' 라는 말이 있는데 이 역시 『노자』에서 말한 것과 같은 의미다.

- 사방이 적으로 둘러싸인 것처럼 준비에 철저하다.

만전을 기하여 상대가 공격할 틈을 주지 않는다는 의미다. 이는 검술의 달인을 연상해 보면 쉽게 이해할 수 있다. 검술의 달인들은 계속 앞만 보면서 사방 중 절반밖에 보지 못하는 것 같아도 실제로 치고 들어가려 하면 공격할 틈이 없다. 그래서 상대는 그 주변만을 서성거리다 결국은 공격을 포기하게 된다.

- 손님으로 초대받아 간 것처럼 조심스럽다.

얼굴 모습, 태도, 자세에 대한 문제다. '이런 것까지도 신경 써야 하느냐' 고 생각할 수도 있지만 결코 경시해서는 안 된다. 흐트러진 얼굴이나 자세를 하고 있으면 주변에 좋은 인상을 줄 수가 없다. 스스로 긴장하면서도 위풍당당한 위엄을 겸비한다면 인상도 달라질 것이다.

얽매이지 않으며 포용력을 가지라

• 얼음이 녹듯 얽매임이 없다.

거침없이 유연한 것을 말한다. 예를 들면 사소한 것에 구애되어 두려움을 가진 채 끈질기게 상대를 쫓아다니는 것은 사람에 대한 도리가 아니다.
또한 언제까지나 고정관념에 사로잡혀 있어서는 정세의 변화에 대응할 수가 없다. 그런 얽매임은 삶에 아무런 도움이 되지 않는다. 머리는 항상 유연해야 한다.

• 가공하지 않은 원목처럼 꾸밈이 없다.

이 말에서 바로 연상할 수 있는 것이 공자가 말한 '강직하고 의연하며 순박하고 말이 무거운 자는 인에 가깝다' 라는 말이다. 이렇게 하면 분명 주변의 신뢰를 얻을 수 있을 것이다.
아무리 유명 브랜드 물품으로 몸을 치장하고 있어도 그 속이

알차지 않으면 아무 소용이 없다.

• 탁한 물과 같이 포용력이 있다.

'맑은 물에는 고기가 살지 않는다' 라는 말이 있지 않은가.
물론 청렴한 것은 미덕이다. 그러나 그것이 지나치면 다른 사람들이 싫어하고 꺼려하게 되어 결국 주변 사람을 잃게 된다. 그러니 너무 맑고자만 하는 것도 좋지 못하다.
비슷한 예로 『채근담』에서는 '청렴하면서도 포용력을 가지라' 고 했다.

• 대자연의 모습처럼 드넓다.

대자연과 같이 넓고 큰 모습으로 인물 됨을 넓히라는 의미다. 이는 곧 마음의 넓이를 표현한 것이다.
위와 같이 『노자』가 그린 이상적인 인간상은 천의무봉 혹은 융통무애(融通無礙) 등으로 표현할 수 있다. 이 모든 것을 아우르자면 '유약하면서도 그 속에 잡초와 같은 강인함을 지닌 사람' 이라고 표현할 수 있으리라.

3. 스스로 아는 자가 되라

【해독】

다른 사람을 아는 사람은 보통 지혜로운 사람일 뿐이다. 자기 자신을 아는 자야말로 정말로 명석하다 할 수 있다.

다른 사람을 이기는 사람은 보통 힘이 센 사람일 뿐이다. 자기 자신을 아는 자야말로 정말로 강자라 할 수 있다.

만족을 아는 자야말로 부자다. 어디까지나 '도'를 실행하는 자야말로 뜻을 품은 사람이라 할 수 있다.

무위를 지키면서 살아가는 자야말로 긴 생명을 누리며, 죽어서도 자신의 은혜를 남기는 자야말로 영원히 사는 것이다.

【직역·원문】

타인을 아는 자를 지혜롭다 할지 모르지만, 자기를 아는 자야말로 밝은 것이다. 타인을 이기는 자를 힘세다 할지 모르지만 자기를 이기는 자야말로 강한 것이다. 족함을 아는 자라야 부한 것이요, 행함을 관철하는 자라야 뜻이 있는 것이다. 자기의 자리를 잃지 않는 자라야 오래가는 것이요, 죽어도 없어지지 않는 자라야 오래 산다 할 것이다.

知人者智也, 自知者明也, 勝人者有力也, 自勝者强也, 知足者富也, 强行者有志也, 不失其所者久也, 死而不亡者壽也.(제33장)

【언소】

'지'와 '명'은 이렇게 연마하라

다른 사람을 아는 것도 물론 어렵다. 그러나 자기 자신을 아는 것은 그보다 훨씬 더 어렵다고들 한다.

『손자』의 병법에서 '지피지기면 백전백승'이라는 명언이 나온다.

이는 무기를 가지고 싸울 때뿐만 아니라 삼엄한 현실을 살아 나가는 데에도 반드시 필요한 마음가짐이라는 사실을 누구나 다 잘 알고 있다.

『노자』에 따르면 다른 사람을 알기 위해서는 '지(智)'가 필요 하지만 자신을 알기 위해서는 '명(明)'이 필요하다고 한다. '지'나 '명' 모두 통찰력이라는 의미가 내포되어 있으나 '명'이 '지'보다는 한 수 위라고 할 수 있다.

그렇다면 이러한 통찰력을 익히기 위해서는 어떻게 하면 좋을까. 『노자』에서는 '도'를 깨우치고 그에 입각한 삶을 살면 된다고 한다. '도'라는 근원적인 존재에 입각하여 살 수만 있다면 인간 도, 지구상에 존재하는 모든 것들도 다 파악할 수 있다고 한다.

그러나 이는 우리에게 너무 어려운 목표다. 보다 쉽게 이러한 통찰력을 소유할 수 있는 방법은 없을까?

'지'든 '명'이든 사람이 태어날 때부터 가진 소질과 관계가 있다. 이는 부정할 수 없다. 그 소질을 잘 연마하기 위해서는 다 음 두 가지 방법을 쓸 수 있다.

첫째, 고전이나 역사책을 이용할 수 있다. 고전, 특히 중국 고 전은 인간학의 보고다. 또한 역사책은 소위 그 사례집이라고도 할 수 있다. 이 책들을 읽어서 인간에 대한 이해를 넓힐 수 있다.

둘째, 매일 평소의 생활이나 일 속에서 실제 경험을 통하여 배우는 방법이다. 책을 아무리 많이 읽었다 해도 그것으로 끝나는 것은 아무런 의미가 없다. 삶에서 적용할 수 있는 지혜로 살려야 한다. 이때 필요한 것이 실천과 체험이다. 사람과 사람의 관계 속에서 때로는 손해도 보고, 실패도 하면서 경험을 축적시켜 가며 자신의 눈을 키워가야 한다.

공자도 '명'에 관한 이야기를 남겼다. 어느 날 제자 중 한 사람이 '명'이란 무엇입니까? 라고 묻자, 공자는 이렇게 대답했다고 한다.

"물 젖어들 듯 참언하는 자의 계교와 피부에 닿을 듯 절박하게 호소하는 자의 간교를 통찰하여 행하지 못하게 함이 '명'이니라."

물이 서서히 잠기는 것과 같은 참언(讒言), 피부에 부드럽게 젖어드는 것과 같은 중상(中傷) 등에도 마음이 흔들리지 않는 것이 '명'이라는 의미다.

노골적인 비난이나 중상이라면 '명'이 없어도 상관없겠지만 잘 알아듣기 힘든 비난이나 중상을 간파하기 위해서는 무엇보다 '명'이 필요하다. 그러한 의미에서는 '명' 역시 지도자의 한 조건이라 할 수 있겠다.

'지' 와 '명' 을 연마하기 위한 노력으로 『노자』에서 말하는 '도' 에 가까워질 수 있다.

'도' 와 일체가 되어 얻는 힘

'다른 사람을 이기는 사람은 보통 힘이 센 사람일 뿐이다. 자기 자신을 이기는 자야말로 정말로 강자라 할 수 있다' 라는 말을 살펴보자.

이 역시 앞에 나온 '명' 과 같은 문맥 속에 있다. 다른 사람을 이기기 위해서는 힘만 있으면 되니 그나마 쉬운 편이다. 더욱 힘든 것은 자기 자신을 이기는 것이다. 자신을 이기기 위해서는 '강(强)' 이 필요하다.

그렇다면 '강' 이란 어떠한 것일까. 물론 단순히 '힘이 있다' 라는 의미와는 다르다. 이 경우 '강' 은 '도' 와 일체가 된 상태를 가리킨다.

'도' 와 일체가 되면 어째서 '강' 이 생기는 것일까? 이에 대해서는 이미 여러 각도에서 분석이 된 바 있다. 그것들을 정리해 보면 다음과 같다.

- 보기에는 약해 보이지만 사실은 그 안에 엄청난 에너지를 간직하고 있다. 또한 그 힘을 과시하지도 않는다.
- 상대방이 어떻게 나오든 자신의 대응을 바꾸지 않는다. 또한 자신의 주체성을 잃지 않는다.
- 맑든지 흐리든지 있는 그대로 받아들이는 넓음을 간직하고 있다. 상대를 굳이 파헤치려 들지 않는다.

이 정도 경지가 되면 천하무적일 뿐만 아니라 자기 자신도 이길 수 있다.

4. 큰 사각형은 모서리가 없고
큰 그릇은 늦게 이루어진다

【해독】

'도'에 대해 가르침을 펼치면 뛰어난 사람들은 즉각 실행한다. 그러나 중간 정도의 사람들은 반신반의하며, 모자라는 사람들은 비웃는다.

그렇게 비웃는 사람이 있기에 비로소 '도'일 수 있다.

옛사람들도 말했다.

"정말로 밝은 길은 어두워 보인다. 정말로 전진하는 길은 후퇴하는 것처럼 보인다. 정말로 평탄한 길은 험난한 것처럼 보인다. 뛰어난 덕은 빈 골짜기와 같이 모자라게 보인다. 순백의 것은 더러운 것처럼 보인다. 질실(質實)한 덕은 영성한 것처럼 보인다. 이와 같이 커다란 사각형은 각이 보이지 않으며 큰 그릇은 늦게 이루어진다. 또한 큰 소리는 귀에 잘 들리지 않으며 커다란 형체는 눈에 띄지 않는다. '도'는 형태도 없고 이름도 없다. 요컨대 '도'는 만물을 생겨나게 하고 만물을 자라게 하는 근원이다."

【직역·원문】

뛰어난 사람들은 내게서 '도'를 들으면 열심히 그것을 실천하려고 노력한다. 중간 정도 되는 사람들은 내게서 '도'를 들으면 잘 알아듣지 못한다. 그런데 수준이 떨어지는 사람들은 내게서 '도'를 들으면 낄낄대고 웃는다. 그러나 떨어지는 사람들이 웃지 않으면 내 '도'는 도가 되기에 부족하다. 그러므로 예부터 전해오는 말에 다음과 같은 말이 있었다. 밝은 길은 어두운 것 같고, 나아가는 길은 물러나는 것 같고, 평탄한 길은 울퉁불퉁한 것 같고, 뛰어난 덕은 빈 골짜기와 같고, 큰 결백은 욕된 것 같고, 너른 덕은 부족한 것 같고, 서 있는 덕은 금세 무너질 것 같고, 질박한 덕은 엉성한 것 같다. 큰 사각은 각이 없으며, 큰 그릇은 늦게 이루어지고, 큰 소리는 소리가 없고, 큰 모습은 모습이 없다. '도'란 늘 숨어 있어 이름이 없다. 대저 '도'처럼 자기를 잘 빌려주면서 또한 남을 잘 이루게 해주는 것이 또 있겠는가.

上士聞道, 勤能行之. 中士聞道, 若存若亡. 下士聞道, 大笑之. 弗笑不足以爲道. 是以建言有之, 曰, 明道如費. 進道如退. 夷道如類. 上德如谷. 大白如辱. 廣德如不足. 建德如婾. 大方無隅. 大器晩成. 大音希聲. 大象無形. 道褒無名. 夫唯道, 善始且善成.(제41장)

【언소】

알 수 없는 크기

우리와 같이 속세를 살아가고 있는 사람들에게 『노자』가 말하는 '도'는 사실 알기 어렵다. 배를 잡고 웃을 정도는 아니지만 대부분 중간 정도의 사람들일 것이다.

그래서 『노자』에서는 옛사람들의 말을 빌려 '도'의 존재에 관해 확실하게 설명하고 있다.

그 설명에서 역설의 표현이 눈에 띈다. 그러나 사실 『노자』가 깨달은 '도'는 속세에 살고 있는 우리로서는 제대로 이해하기 힘들다.

원래 『노자』가 말한 '도'는 형체도 없고 음도 없어 눈으로 볼 수도 없고 귀로 들을 수도 없는 모호한 존재다. 그러므로 머리로 이해할 수도 없고 마음으로 느끼기도 힘들다.

우선 이 점을 염두에 두기 바란다. 먼저 이번 장에 나오는 '덕'에 관해 세 가지를 살펴보자.

- 뛰어난 덕은 빈 골짜기와 같다.
- 너른 덕은 부족한 것 같다.
- 서 있는 덕은 금세 무너질 것 같다.

'뛰어난', '너른', '선'이라는 형용사는 다른 뜻 없이 그 자체의 뜻으로 '덕'을 수식하고 있다. 그리고 이 '덕'들은 모두 '도'가 지닌 '덕'을 의미한다.

이 '덕'에 대해서는 지금까지 많은 이야기들이 나왔다. 다시 한 번 그 예를 살펴보면 겸손, 유연, 유약, 무위, 질박, 무심, 무욕 등이 그것이다. 또한 공자, 맹자(孟子)의 유가는 중요한 덕목으로 인(仁), 의(義), 예(禮), 지(智), 신(信) 등을 들고 있는데, '덕'은 양쪽에서 모두 중시 여기고 있다는 것을 발견할 수 있다.

그런데 『노자』에서는 '덕'을 이렇게 설명한다.

골짜기와 같다[若谷] — 골짜기와 같이 무언가 빈 것 같다.

부족하다[若不足] — 어딘가 모자라는 데가 있다.

무너진다[若偸] — 왠지 믿음직스럽지 못하다.

이 말들 역시 쉽게 이해하기는 힘들다. 내용보다도 오히려 상상력의 문제일 수도 있다. 이것은 모든 것을 부드럽게 감싸 안는 알 수 없는 크기라는 의미다. 이것이 『노자』가 '덕'에 대해 가지고 있는 생각이다.

큰 그릇은 왜 만들기 힘든가

"커다란 사각형은 각이 보이지 않는다", "큰 그릇은 늦게 이루어진다"라는 말은 이번 장에서 가장 유명한 말이다.

특히 후자는 '대기만성'이라는 사자성어로 지금까지도 일이 잘 안 되는 사람을 격려하는 말로 자주 쓰인다.

'대기'라는 말을 생각해 보자. 어떤 것에 대한 소질을 가지고 태어났어도 그것을 완성시키기 위해서는 두 가지 조건이 필요하다.

첫째, 시간적 조건이다. 『노자』에서 말한 것처럼 졸속으로 해서는 무리가 따르며 어느 정도 시간을 들여 숙성시켜야 한다.

둘째, 지리적 조건이다. 답답하고 비좁은 곳에서 자라면 무리가 따르니 공간적으로 넓은 곳에서 자라야 한다.

이 두 가지 조건이 결핍되면 아무리 소질을 타고났어도 미완의 대기로 남아버리고 만다.

그 점에서 일본은 어떠한가.

변화무쌍한 자연 경관, 풍부한 녹음, 뚜렷한 사계절 등 자연의 혜택은 가득 지니고 있다. 그러나 아무래도 일본은 좁다. 그래서 대도시에서 생활하다 보면 이상하게도 시간이 너무 빨리 지나가는 느낌도 든다. 그러한 장소에서 살다 보면 눈앞의 일만 잘되는 인간은 나올 수 있을지 몰라도 대기가 생겨나기는 힘들다.

물론 최근 교통과 통신의 발달로 지구촌은 좁아졌다. 이제 대기가 생겨나기 힘든 곳은 일본뿐이 아니다.

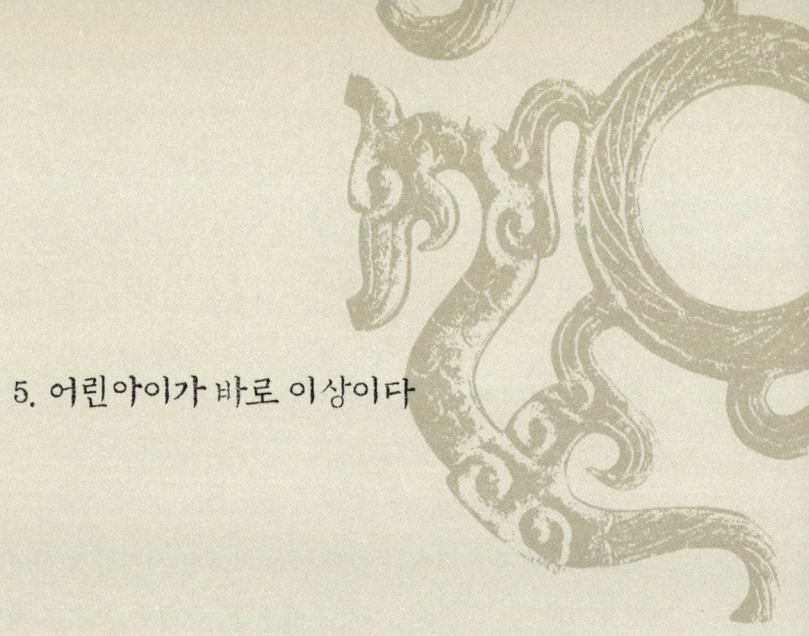

5. 어린아이가 바로 이상이다

【해독】

깊은 덕을 품은 인물은 갓난아이와 같다.

아기는 독충에도 물리지 않으며 맹수도 잡아가지 않는다. 뼈는 약하고 몸은 부드럽지만 굳게 쥐며, 남녀의 성교를 몰라도 성기가 발기하는 것은 정기가 충만하다는 증거다. 하루 종일 울어대도 목소리가 변하지 않는 것은 조화롭다는 증거다.

조화로운 것은 '도'와 일치하기 때문이다. 그렇게 되면 명석함이 생긴다. 이를 억지로 하게 하는 것은 좋지 못하며 무리하게 정기를 불어넣으면 조화도 깨져 버린다.

강함도 언젠가는 반드시 쇠하게 되어 있다. '도'에 반하기 때문이다. 이런 것은 오래도록 지속될 수 없다.

【직역·원문】

품은 덕의 두터움은 갓난아기와 같다. 벌이나 뱀도 그를 쏘거나 물지 않고, 맹수도 그에게 덤비지 않으며, 새도 그를 채지 않는다. 뼈가 여리고 근육이 하늘한데도 꼭 움켜쥐면 빼기 어려우며, 남녀의 성교를 몰라도 고추가 서는 것은 정기의 힘이 지극한 것이며, 온종일 울어도 목이 쉬지 않는 것은 조화의 어울림이 지극한 것이다. 어울림을 아는 것을 상(常)이라 하고, 변함없음을 아는 것을 명(明)이라 한다. 그러나 사는 것만을 위하는 것을 상(祥)이라 하고, 마음이 기운을 억지로 부리는 것을 강(强)이라고 한다. 사물은 성하다가 쇠한다. 이것은 변함없는 도가 아니다. 도가 아닌 것은 오래갈 수가 없다.

含德之厚者, 比于赤子. 蜂蠆虺蛇毒弗螫, 攫鳥猛獸弗搏. 骨弱筋柔而握固. 未知牝牡之會而號怒, 精之至也. 終日號而不嗄, 和之至也. 知和曰常, 知常曰明. 益生曰祥, 心使氣曰强. 物壯則老.

謂之不道. 不道早已.(제55장)

【언소】

어린아이가 가진 많은 '덕'
『노자』에서는 '도'를 깨우친 이상적인 인물을 어린아이에 비유한다. 이번 장은 그 대표적인 부분인데 다른 장에서도 어린아이 비유가 나온다. 예를 들면 다음과 같다.
"어린아이와 같이 부드럽고 유연하게 살아갈 수는 없는가(제10장)?"
"나 홀로 담담하여 아무것도 모르는 어린아이와 같다(제20장)."
"도를 깨우치면 어린아이와 같은 무심한 상태로 돌아갈 수 있다(제28장)."
『노자』에서는 왜 이렇게 어린아이를 자주 들먹이는 것일까. 그 이유를 생각해 보면 다음 네 가지 정도를 들 수 있다.

• 무심하다

어린아이에서 연상되는 것은 우선 이것이다. 순진무구함이라고도 표현할 수 있을 것이다. 그러나 성장함에 따라 욕심이 생겨나고 여러 가지를 익혀 꾀도 생기게 된다.

『노자』에서는 이 점을 경계하고 있으며 갓 태어난 때와 같은 무심한 상태로 되돌아가라 말하고 있다.

공자는 고대 시가집 『시경』을 평하기를 '300편의 시가들은 한마디로 말해 지극히 사심(邪心)없다고 할 수 있다' 라고 했다. 『노자』가 어린아이에서 발견한 것도 바로 '사심이 없다' 는 점이었다.

- 유연하다

지금까지 자주 언급된 것에서 알 수 있듯 유연함은 『노자』가 중시하는 덕목 가운데 하나다. 유연성을 가지면 아무리 강력한 힘도 유연하게 받아들이면서도 자신은 전혀 상처를 입지 않는다. 삼엄한 현실에서 살아남기 위해서는 무엇보다 이 유연함이 필요하다. 어린아이는 바로 이 유연함을 지녔다.

- 활력이 있다.

어린아이의 활력은 대자연의 생명력을 생각하게 한다. 소박하지만 언제까지나 그 끝이 없을 것처럼 느껴진다.

유연함은 중요한 덕이기는 하지만 그것만으로는 불충분하다. 그 안에 이와 같은 활력이 들어 있어야만 한다. 어린아이가 그렇다.

- 조화롭다

그 활력도 억지로 만들어내고자 하면 안 되고, 극히 자연스럽게, 어디에도 무리가 가지 않도록 해야 한다. 그러므로 마를 일이 없으며 오래도록 지속된다. 즉, 활력에 조화가 필요하다는 의미다.

어린아이는 이상과 같은 덕을 보여주고 있다. 그래서 『노자』에서는 '어린아이로 돌아가라'라고 주장한다.

사물은 성하면 쇠하게 되어 있다

이 장에서 또 유명한 말이 바로 '사물은 성하면 쇠하게 되어 있다'라는 말이다. '성'한 상태는 '도'에 반한다. 그러므로 오래 지속될 수가 없다.

'사물은 성하면 쇠하게 되어 있다'라는 말은 '도에' 반하는지 아닌지를 뜻하는 것으로 원래 자연 세계는 인간 사회를 만드는 근원이라고도 생각될 수 있다. 이러한 인식은 『노자』 이외의 다른 고전에서도 자주 드러난다.

"천지는 사계절의 추이를 따라 성쇠한다. 천지도 그러한데 하물며 인간 세계에서 일어나는 현상들이 그 법칙을 피할 수 있겠는가." 『시경』

"천지의 도는 극에 달하면 원상태로 돌아가고 가득 차면 모자란다." 『회남자』

자연의 흐름을 거스른다면 그 어떤 일도 제대로 되지 않는다. 우리는 사물의 흐름을 파악하면서 그것을 거스르지 않고 그 안에서 최선을 다해야 한다.

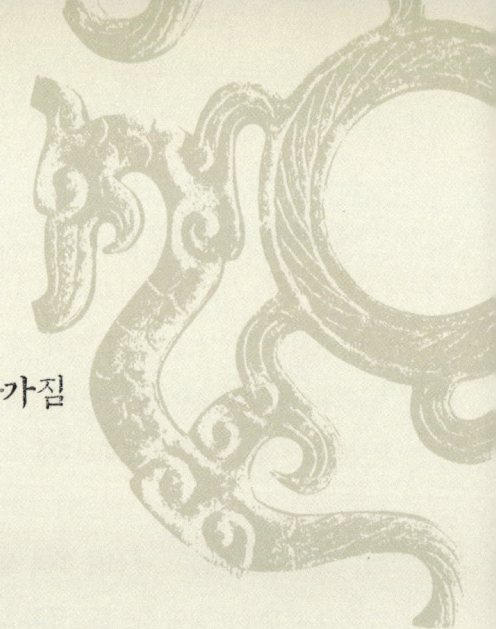

6. 성공하기 위한 마음가짐

【해독】

안정된 상태에 있는 것은 유지하기 쉬우며 드러나지 않은 문제는 해결하기 쉽다. 연약한 것은 무너지기 쉽고 보이지 않는 것은 분해되기 쉽다. 그러므로 드러나기 전에 처리하고 어지러워지기 전에 수합해야 한다.

아름드리 나무도 원래는 아주 작은 묘목에서 자라났다. 9층으로 지어진 궁전도 굳건한 토대로 세워졌으며 천 리 길도 한 걸음부터 시작된다.

이러한 자연의 도리를 무시하며 억지로 하고자 하고 아집에만 사로잡히면 반드시 실패한다. '도'를 깨우친 사람은 억지로 무언가를 하려 하지 않으므로 실패하는 일이 없으며, 아집에 사로잡히지 않으므로 잃어버릴 것도 없다.

평범한 사람은 항상 일을 완성하는 듯하면서도 결국 실패로 끝낸다. 마지막까지 신중하게 대처하면 그럴 일이 없다.

그러므로 '도'를 깨우친 사람은 항상 무욕(無慾)하여 고가의 재물에 관심이 없다. 지식을 버리며 다른 사람들의 과오를 바로잡고자 한다. 만물을 있는 그대로 두며 작위적으로 무언가를 하고자 않는다.

【직역 · 원문】

사물이 흔들리지 않을 때 가지고 있기 쉽고, 드러나지 않았을 때 도모하기 쉽다. 연약할 때는 바스러지기 쉽고, 눈에 띄지 않을 때는 흩어지기 쉽다. 드러나기 전에 도모하고, 어지러워지기 전에 다스려라. 아름드리 나무도 털끝 같은 싹에서 생겨나고, 아홉 층의 높은 누각도 한 줌의 쌓인 흙에서 일어나고, 천 리의 걸음도 발아래서 시작한다. 하려 하는 자는 반드시 놓칠 것이다. 그러므로 성스러운 사람은 함이 없기에 패함이 없고, 잠음이 없기에 놓침이 없다. 사람들이 일하는 것을 보면 늘 다 이루어질 듯하다가 끝내 패한다. 끝을 삼가기를 늘 처음과 같이 하라. 그러면 패하는 일이 없을지니. 그러므로 성스러운 사람은 바라지 않음을 바라고, 얻기 어려운 재화를 귀하게 여기지 않는다. 배우지 아니함을 배우고 뭇사람이 지나치는 본바탕으로 돌아간다. 이리하여 만 가지 것의 스스로 존재함을 돕고 감히 무엇을 한다고 하지 않는다.

其安也, 易持也, 其未兆也, 易謀也, 其脆也, 易判也, 其微也, 易散也. 爲之于其未有也, 治之于其未亂也. 合抱之木生于毫末, 九成之臺起于蔂土, 百仞之高始于足下. 爲之者敗之, 執之者失之. 是以聖人無爲也, 故無敗也. 無執也, 故無失也. 民之從事也, 恒于其成而敗之. 故愼終若始, 則無敗事矣. 是以聖人欲不欲, 而不貴難得之貨. 學不學, 復衆人之所過. 能輔萬物之自然, 而不敢爲. (제64장)

【언소】

항상 신중하라

"안정된 상태에 있는 것은 유지하기 쉬우며 드러나지 않은 문제는 해결하기 쉽다."

"어지러워지기 전에 수합해야 한다."

"아름드리 나무도 원래는 아주 작은 묘목에서 자라났다. 9층으로 지어진 궁전도 굳건한 토대로 세워졌으며 천 리 길도 한 걸음부터 시작된다."

"평범한 사람은 항상 일을 완성하는 듯하면서도 결국 실패로 끝낸다."

"마지막까지 신중하게 대처하면 실패할 일이 없다."

이 주옥같은 말들은 모두 일을 성공하기 위한 지혜다. 모두 같은 사상에서 나온 말들이며 이것들을 요약하면 '사물은 흩어지기 전에 처리해야 하며, 작은 일에도 주의를 기울여야 하며, 끝까지 긴장감을 늦추지 말라' 라는 말로 정리할 수 있다. 한마디로 말해 '항상 신중하라' 는 의미다.

『노자』에 따르면 이것들은 모두 '도' 안에 존재하는 것이며 그렇게 해야만 성공이 보장될 수 있다고 한다.

물론 이 말을 한 것이 『노자』뿐만은 아니다. 다른 고전에도 비슷한 말이 반복되어 나온다. 참고로 몇 가지 살펴보자.

"아무리 높은 산에 오르더라도 반드시 기슭부터 올라야 하며 아무리 먼 길을 가더라도 일단은 발걸음을 떼야 한다." 『서경(書經)』

즉, 아무리 높고 먼 목표를 내걸어도 그것을 실현하기 위해서는 우선 단단히 채비를 하고 한 걸음씩 착실하게 나아가야만 한다는 의미다.

"평범한 사람들은 사소한 일에는 신경을 쓰지 않는다. 큰일에만 열심히 노력하려 든다. 이와 같이 처음의 작은 일을 소홀히 하는 사람은 결코 성공할 수 없다." 『순자(荀子)』

작은 일에 신경을 쓰라
또 한 가지 들어보자.

"재난이 일어나는 까닭 가운데 절반은 적절한 대책을 세우지 않았기 때문이요, 절반은 시간이 절박했기 때문이다. 성인만이 그것을 미연에 방지하고 완화시킬 수 있다. 희미한 움직임도 잘 찾아내어 확실한 움직임으로 볼 수 있기 때문이다." 『신음어』

어째서 『노자』뿐만이 아닌 다른 고전에서도 이렇게 많이 언급되고 있는 것일까. 그 이유는 다름 아닌, 시간이 흐르고 시대가 바뀌어도 실패를 범하는 사람들은 모두 똑같은 이유에서 실패를 했기 때문이리라.

새로운 사업을 시작하거나 새로운 일에 뛰어들 때는 누구든 성공할 것이라는 확신으로 긴장감을 가지고 시작한다. 그런데 일에 어느 정도 익숙해지고 업적도 쌓이면 어느샌가 긴장감은 없어지고 타성에 젖게 된다. 그런데 이때가 바로 가장 위험한 순간이다.

'이 정도면 괜찮겠지' 라는 생각으로 일이 아닌 다른 것에 관심을 기울인다. 이런 행동들이 계속 쌓여 결국에는 실패로 끝나는 경우가 많다.

그래서 선인들도 문제는 가급적 빨리 처리해야 하고 작은 일이라 해서 신경 쓰지 않는 행동은 위험하다고 경계한 것이다.

『노자』의 특징은 그러한 대응을 '도' 와 관련지어 설명하고 있다는 점이다. '도' 와 관련된 것인가 아닌가는 차치하고라도 성공을 목표로 하는 사람에게라면 누구에게나 적절한 조언이라 생각된다.

7. 감히 도전하는 용기

【해독】

 같은 용기라도 앞서 나아가는 용기는 죽게 하며 뒤로 물러서는 용기는 살게 한다.
 그러나 어느 것이 유리하고 어느 것이 불리한가? 하늘이 생각하는 것은 어느 누구도 알지 못한다.
 하늘의 도는 싸우지 않고 승리하며, 명령을 하지 않고도 복종하게 하며, 부르지 않고서도 이쪽을 향해 오게 하고, 여유를 부리면서도 깊이 모색한다.
 하늘의 그물은 매우 크며 그물의 짜임 또한 성기지만 무엇이든 놓치지 않는다.

【직역 · 원문】

감히 무엇을 하는데 용감한 자는 죽임을 당한다. 감히 무엇을 하지 않는데 용감한 자는 산다. 둘 다 용기는 용기이지만 하나는 이롭고 하나는 해롭다. 하늘이 미워하는 바, 누가 그 까닭을 알 수 있으리오. 그러하므로 성스러운 사람은 늘 매사를 어렵게 생각한다. 하늘의 도는 다투지 아니하면서도 잘 이기고, 말하지 아니하면서도 잘 응하고, 부르지 아니하는데도 저절로 오며, 천히 하면서도 잘 꾀한다. 하늘의 그물은 크고 또 너르다. 그 짜임이 성긴데도 무엇이든 놓치지 않는다.

勇于敢則殺, 勇于不敢則活, 此兩者或利或害. 天之所惡, 孰知其故. 天之道, 不戰而善勝, 不言而善應, 不召而自來, 繟而善謀. 天網恢恢, 疏而不失.(제73장)

＊恢恢:드넓다는 의미

【언소】

물러서는 용기를 가지라

'용(勇)'이란 용기와 결단력을 의미한다. 이는 '덕'을 구성하는 중요한 요소 중 하나다. 다른 고전에서도 이 말은 자주 사용된다.

"지(知), 인(仁), 용 이 세 가지는 천하의 달덕(達德)이다." 『중용(中庸)』

"의를 행하는 것을 '용'이라 한다." 『논어』

"용맹하게 나아가면 살고 그렇지 못하면 죽는다." 『육도(六韜)』

단, '용'은 자칫 혈기 왕성함을 의미하는 것으로 오해할 수 있다. 이를 경계하는 말들도 여러 고전에서 찾아볼 수 있다.

예를 들면 『논어』에서는 '용맹한 것은 좋으나 예를 갖추지 못하는 것은 나쁘다'라고 말했다.

혈기만 앞서서는 안 된다는 의미다. 공자 시대의 말이지만 요즘 시대에도 들어맞는 지적이라 할 수 있다.

"일반 사람들은 장수(將帥)에 대해 이야기할 때 용맹함과 용기만을 중시한다. 그러나 용기는 장수의 조건 중 일부분에 지나지 않는다."
『오자(吳子)』

다음은 『삼국지』의 조조가 부하 장군들에게 경고한 말이다.

"장수된 자는 때로 지나치게 신중해야 할 필요가 있다. 무조건 용맹만을 내세워서는 안 된다."

'용'에는 두 가지 방향이 있다. 하나는 앞서 나가는 용기, 또 하나는 뒤로 물러서는 용기다. 어느 것이 더 힘들까? 앞서 나가는 것은 누구나 할 수 있다. 정세가 불리하다 판단하고 후퇴를 결단하는 것이 더 어렵다. 이것을 확실하게 할 수 있는 사람이 참된 용자(勇者)라 할 수 있다.

앞서 나가는 것밖에 모르고 뒤로 물러설 줄 모르는 용기를 가리켜 '필부의 용'이라고 한다. 지도자가 되고자 하는 사람이 이런 용기만을 가지고 있어서는 안 된다.

물러설 때를 생각하는 것은 결코 감상적인 패배주의가 아니다. 소심중이나 비겁함은 더 더욱 아니다.

오히려 삼엄한 현실 속에서 살아남기 위한 유력한 전략이라 할 수 있다.

이번 장에 나온 '같은 용기라도 앞서 나아가는 용기는 죽게 하며 뒤로 물러서는 용기는 살게 한다' 라는 말도 이와 관련된 것이다. 단, 『노자』는 어느 것이 더 우위인지에 대해서는 하늘에 맡기고 있다. 하늘은 나아갈지 물러설지를 결정하는 차원을 넘어서 좀 더 심오한 곳에 있다고 한다.

책임을 다하되 하늘에 맡기라

우리는 '하늘의 그물은 드넓고 트여 있으면서도 놓치지 않는다' 라는 말을 잘 알고 있다.

보통 이 말은 '트여 있으면서도 새지 않는다' 라는 표현으로 쓰이는데 의미는 마찬가지다. 하늘은 인간 사회에서 일어나는 모든 일을 보고 있다고 한다.

이미 서술한 바와 같이 중국인은 마음이 마지막으로 가야 할 처소를 하늘에서 구하고 있다. 사람은 몰라도 하늘만은 알고 있다고 생각하기 때문이다. 천(天) 신앙이라고도 할 수 있을 것이다. 『노자』의 근저에 깔려 있는 사상도 바로 이것이다. 중국에 가서 광활한 대자연 속에 있어보면 이러한 사상이 어떻게 생겨났는지 알 수 있을 것 같다.

물론 하늘과 인간의 상관관계에 의문을 던지는 사상가도 있다. 그 예로 전국 시대에 활약한 순자라는 사상가를 들 수 있다.

그는 『순자』에서 이렇게 말하고 있다.

"어째서 기우제를 지내면 비가 내리는가? 이유는 없다. 기우제를 지내지 않아도 비가 내릴 때는 내리게 되어 있는 법이다. 주술이나 점 따위는 미신일 뿐이다."

즉, 『순자』에서는 모든 것을 하늘에 맡기기 전에 인간의 능력을 믿고 있다. 가능한 필자 역시 그렇게 믿으려 노력하고 있다.

그리고 그와 동시에 마지막으로 가야 할 처소인 하늘에서 구하는 삶에도 굉장한 매력을 느낀다. 필자도 이 두 가지를 병행, 양립해 가며 남은 생을 온전히 꾸려 나가고자 노력하고 있다.

5

대범한 삶

1. 대도를 없애면 인의가 된다

【해독】

큰 '도'를 잃으니 '어질다'라든가 '옳다'라는 말이 여기저기서 강조되게 되었다. 지식과 지혜가 발달하자 허위가 기승을 부리게 된다.

육친의 정이 사라지면 자애니 효도니 하는 말들이 생겨난다.

나라의 정치가 혼란스러우면 충신이 나타난다.

【직역·원문】

큰 도가 없어지니 어짊과 옳음이 생겨났다. 슬기로움이 생겨나니 큰 거짓이 생겨났다. 육친이 불화하니 효도다 자애다 하는 것이 생겨났다. 국가가 어지럽게 되니 충신이라는 것이 생겨났다.

故大道廢, 焉有仁義. 智慧出, 焉有大僞. 六親不和, 焉有孝慈. 邦家昏亂, 焉有貞臣.(제18장)

＊六親:부자, 형제, 부부를 가리킴

【언소】

규범은 필요하지만
　사회생활을 해나가기 위해서는 사람 사이의 관계에 일정한 규범이 필요하다. 그것이 무너진다면 사회 그 자체가 성립될 수 없다. 유가(儒家)에서는 이 규범을 매우 중시 여긴다. 그 예를 세 가지 정도 살펴보자.

"아비는 의(義), 어미는 자(慈), 형은 우(友), 아우는 공(恭), 자식은 효(孝)."『서경』

각각의 위치에 맞는 덕을 들고 있는데 '의'란 인간으로서 올바른 도, '우'는 형제 간의 유대감을 의미한다. 이를 '오상(五常)'의 가르침 또는 '오전(五典)', '오교(五敎)'라고 한다.

"부자유친(父子有親), 군신유의(君臣有義), 부부유별(夫婦有別), 장유유서(長幼有序), 붕우유신(朋友有信)."『맹자』

아버지와 아들은 친애의 정으로 맺어지며 군주와 신하는 올바른 도로써 맺어진다. 또한 부부는 바깥과 안의 역할 분담이 있어야 하며 연장자와 연소자에게는 일정한 순서가 있으며 친구 사이는 믿음으로 결합되어야 한다는 뜻이다.
이를 '오륜(五倫)'의 가르침이라고 한다.
또 한 가지 더 들어보자.

"충서(忠恕)는 도(道)에서 멀리 떨어져 있지 않다. 자기한테 가해보아서 싫으면 역시 남에게 가하지 말아야 한다."『중용』

'사려 깊게 생각하고 행동하면 사람의 도리에 어긋나는 일은 거의 없다. 자신이 다른 사람에게 당하고 싶지 않은 일은 자신에게도 남에게도 해서는 안 된다' 는 의미다.

이 몇 가지 말만 보아도 유가의 사람들이 규범을 얼마나 중시했는지 잘 알 수 있다. 그들은 이 규범이 확립되어야 한다 주장하고 그 실현을 위하여 힘썼다.

『노자』에서는 유가와는 조금 다르게 말한다. 원래『노자』는 '도' 에 입각한 '무위자연' 을 원칙으로 하고 있다. '무위자연' 이란 '가공하지 않은 있는 그대로' 라는 뜻이다. 여기에서 유가가 중시하는 규범은 인간이 보기 좋게 만들어낸 도구 그 이상 아무것도 아니라고 한다. '그러한 규범들이 소리 높여 주장될수록 점점 세상은 혼란스러워진다. 소박한 원초적인 상태로 돌아가는 것이 더욱 행복해진다' 라고 주장한다.

어느 주장이 설득력이 있는가? 어느 쪽이든 상관없다. 사회가 성립되기 위해서는 그에 적합한 규범이 필요하다. 유가가 제시한 규범은 이상이라면 이상, 우원(迂遠)함이라면 우원함일 수 있으나 우리 삶에서 매우 소중한 것이라는 점만은 부정할 수 없다. 그것을 실현하기 위해 노력한 그들에게 우리는 깊은 경의를 표해야 한다.

그러나 현실을 직시해 보면 『노자』의 주장도 충분히 설득력이 있다.

도덕 교육을 어떻게 할 것인가

도덕 교육을 예로 들어보자. 언젠가 도덕 교육의 필요성에 대한 주장으로 시끄러웠던 적이 있었다. 그것은 바로 전후 지식 교육에만 치중되어 도덕 교육과 같은 인성 교육에는 신경 쓰지 않았던 때, 그에 대한 반성과 위기감으로 나왔던 주장이다.

이런 시기에 『노자』의 주장은 꿈속에나 나올 동화에 지나지 않았을 것이다.

『노자』는 '소박한 원초적인 상태로 돌아가라, 골치 아픈 지식을 머리 속에 집어넣지 마라, 인간 본래의 모습으로 다시 살리라' 라고 주장한다. 필자 역시 '그렇게 되면 좋겠다' 라고 생각은 한다. 그러나 그것은 지나간 것에 대한 향수일 뿐, 현실적으로는 불가능하다. 그래서 『노자』에서 하는 주장은 현상에 대한 비판으로는 설득력이 있으나 현상을 변화시키는 힘은 부족하다고 생각된다.

그러나 『노자』의 주장에서 중요한 점은 없는 것을 억지로 만들지 말라는 사실이다. 우리는 이 주장이 필요할 때는 솔직하게 귀를 기울이고, 그 후에 자신의 지혜와 판단으로 어떻게 받아들일 것인가를 결정하면 된다.

그래도 요즘, '인'이나 '의'를 부르짖는 것을 보니 아직은 건강한 사회라는 생각이 든다.

2. 지식에 얽매이지 않으면 고민도 생기지 않는다

【해독】

재능과 지혜를 멀리하면 백성들의 생활은 안정된다.
인의를 떨치면 백성들은 도덕의식을 가지게 된다.
효율이나 이익을 추구하지 않으면 도둑이 없어진다.
그러나 지금까지 말한 것은 끝이 없다. 치세의 근본은 백성들을 본성에 눈뜨게 하는 것이다. 즉, 무사, 무욕의 상태로 인도하여야 한다.
지식에 얽매이지 않으면 고민도 생기지 않는다.

【직역 · 원문】

성스러움을 끊어라. 배움을 버려라. 뭇사람의 이로움이 백배가 될 것이다. 어짊을 끊어라. 옳음을 버려라. 뭇사람이 다시 효성스럽고 자애로워질 것이다. 꾀사스러움을 끊어라. 이로움을 버려라. 도적이 없어질 것이다. 이 셋은 문명의 장식일 뿐이며 족한 것이 아니다. 그러므로 돌아감이 있게 하라. 있는 그대로를 드러내고 통나무를 껴안을지니 사사로움을 적게 하고 욕심을 적게 하라.

絶聖棄智, 民利百倍. 絶仁棄義, 民復孝慈. 絶巧棄利, 盜賊無有. 此三言也, 以爲文未足. 故令有所屬. 見素抱樸, 少私寡欲. 絶學無憂.(제19장)

＊屬: 續 과 같은 의미

【언소】

쓰되 쓰지 말라
이것도 어떤 의미에서 진리다.

인류는 원래부터 재능과 지혜를 가지고 문명사회를 만들어왔다. 문명은 곧 편리함을 말한다. 특히 최근 컴퓨터, 휴대 전화, 인터넷 등 문명의 이기들이 속속 등장하고 있다. 그 편리함을 부정할 사람은 아무도 없다.

그러나 『노자』에서는 문명의 장점보다 단점에 더 주목한다. 문명이 진보하는 것은 좋지만 그 결과는 어떤가. 강자가 약자를 학대하고—미국 사회를 보면 잘 알 수 있다—가족 간의 애정은 점점 사라져 가고—일본을 보면 잘 알 수 있다—눈앞에서 잡힐 듯한 욕망만이 만연되어 있지 않은가. 교묘하게 법을 피해 범죄를 저지르는 지능범이나 아무 상관 없는 평범한 사람을 죽이는 흉악범들만 점점 늘어가고 있지 않은가. 문명은 원래 인간에게 행복을 가져다주어야 한다. 그런데도 현실적으로는 행복한가, 그렇지 않은가?

이처럼 『노자』는 문명의 실태를 파헤치면서 예리한 질문을 던지고 있다.

이와 관련된 이야기로 『장자』에 나오는 유명한 일화가 있다.

공자의 제자인 자공(子貢)이 여행을 다니고 있을 때 한 노인이 화전을 일구고 있는 모습을 보게 되었다. 농부는 우물에서 물을 길어 가뭄으로 시들어가는 곡식에 뿌려주느라 땀을 뻘뻘 흘리고 있었다. 자공은 그를 불러 말했다.

"좋은 도구들이 나와 있는데 이렇게 힘들여 하면 효율도 떨어지지 않습니까?"

"어떤 기계입니까?"

"두레박이라는 기계지요. 그것을 사용하면 금세 물을 댈 수 있어 좋습니다."

노인은 쓴웃음을 지으며 이렇게 대답했다.

"지난날 나의 선생은 효율성있게 일을 하면 그만큼의 이익이 생긴다고 가르쳤습니다. 그러나 이익이 생기는 만큼 인간의 마음까지 그에 따라 흔들리게 된다고도 하셨습니다. 나 역시 그 기계 정도는 잘 알고 있지만 아무래도 사용하고 싶은 생각이 들지 않습니다. 문명의 이기를 누리면 마음까지 거기에 사로잡혀 인간 본래의 장점을 잃어버린다는 생각 때문입니다."

현대의 이기는 두레박과는 비교할 수조차 없을 정도다. 그와 함께 문명의 독도 심각해졌다.

그렇다면 어떻게 해야 할까? 이 노인처럼 문명의 이기 자체를 거부하는 것도 나쁘지 않은 방법이다. 『노자』도 문명에 오염되지 않은 원초적인 상태로 돌아가라고 말한다.

그러나 이는 앞서도 말한 것처럼 우리에게는 무리다. 가끔씩 자연 속에 파묻혀서 쉬다 보면 심신이 맑아짐을 느낄 수 있다. 그러나 문명의 이기를 모두 버린다는 것은 현실성이 없다. 그렇다면 어떻게 하면 좋을까.

문명의 이기를 포기하지 않으면서도 그것을 사용하지 않는 방법은 어떨까 하는 생각이 든다. 그렇게 하면 조금은 느긋한 마음을 가질 수 있지 않을까?

지식에 휘둘리지 말라

이번 장에서는 '배움을 버려라. 뭇사람의 이로움이 백배가 될 것이다' 라는 말이 유명하다. 배움 또한 문명의 이기와 같은 맥락이며 오늘날 병폐가 생기는 원인이라 할 수 있다.

우리가 현재 배우고 있는 지식은 옛사람들의 그것에 비해 그 양이 더 많아졌다. 그런데 그만큼 더 현명해지고, 더 행복해진 것 같지는 않다. 오히려 최근 벌어지고 있는 흉악한 사건들을 접할 때마다 사람들의 지혜나 처세술은 점점 더 퇴화되어 가고 있다는 생각이 들 정도다.

이것이 불필요한 지식이나 정보에 휘둘리고 있기 때문은 아닐까? 그렇다고 해서 『노자』의 주장처럼 '배움을 끊는다' 라는 것은 현실적인 대안이 아니다. 필요한 지식은 확실히 익히고 쓸데없는 지식이나 정보는 과감히 버리는 것이 좋겠다.

3. 정말로 교묘한 것은 치졸하게 보인다

【해독】

정말로 완전히 이루어진 것은 어딘가 빈 듯 보인다. 그러나 그 움직임은 끝이 없다.

정말로 똑바로 선 것은 굽은 것처럼 보인다. 정말로 교묘한 것은 치졸하게 보인다. 정말로 말을 잘하면 더듬는 것처럼 보인다. 정말로 풍부한 것은 어딘가 부족한 것처럼 보인다. 움직이면 추위를 이길 수 있고 가만히 있으면 더위를 이길 수 있다. 그러나 가만히 있어서 깨끗한 것이 천하의 지도자가 될 수 있는 지름길이다.

【직역·원문】

크게 이루어진 것은 모자란 듯이 보인다. 그 쓰임이 낡지 않았기 때문이다. 크게 찬 것은 빈 듯이 보인다. 그 쓰임이 다하지 않았기 때문이다.

크게 곧은 것은 구부러진 것 같고, 크게 정교한 것은 졸한 것 같고, 크게 말하는 사람은 더듬는 것 같다. 뜀으로 추위를 이기고, 쉼으로 더위를 이기는데, 그래도 쉬어 깨끗함이 하늘 아래 바른 것이다.

大成若欠, 其用不弊. 大盈若盅, 其用不窮. 大直如訕, 大巧若拙, 大弁若訥, 大瀛如絀. 靜勝寒, 靜勝熱. 清靜可以爲天下正.(제45장)

【언소】

능변은 설득력이 없다.

꽉꽉 채워 넣으면 여유가 없다. 유연한 모습 속에 진짜 에너지가 숨어 있으며, 중요한 순간에 그 큰 힘을 낼 수 있다고 한다.

이번 장에 나오는 '정말로 교묘한 것은 졸렬해 보이고 말을 잘하면 더듬는 것 같다'라는 구절도 이와 같은 발상에서 나온 말이다.

기교를 부리기 이전의 상태란 있는 그대로의 자연 상태로, 유치하고 졸렬해 보일 수도 있다. 마찬가지로 정말로 말을 잘하면 더듬는 것처럼 보인다. 서툰 말솜씨보다도 오히려 더듬거리는 편이 설득력을 가질 수 있다는 의미다.

실제로 우리 삶에서 보면 청산유수 같은 달변은 의외로 설득력이 없는 경우가 많다. 그 이유로 세 가지 정도를 들 수 있다.

첫째, 일방적으로 말만 하면 상대의 반응을 읽어낼 겨를이 없다. 상대의 기분을 무시하면서 말하는데 제대로 받아들여 줄 리 만무하다. 그래서는 아무리 말을 잘해도 벽에다 대고 말한 것이나 다름없다.

둘째, 말을 유창하게 하면 아무래도 경박스러운 인상을 줄 확률이 높다. 경박한 사람이 말하는 것은 당연히 아무도 신뢰해 주지 않는다.

셋째, 말을 잘하면 필연적으로 전후의 모순이 생긴다. 결국은 돌이킬 수 없는 실언을 할 수도 있다.

이러한 이유로 달변은 설득력이 떨어진다. 설득력을 가지기 위해서는 무엇보다 조리있게 말하는 것이 중요하다. 그리고 '말 없는 말(一장자)' 즉, 무언의 설득력도 중요하다. 이 경지가 바로 말하기의 최고의 경지다.

'청정(淸淨)'의 정치가 이상적이다

'움직이면 추위를 이길 수 있다'라는 말은 누구나 다 이해할 수 있다. '가만히 있으면 더위를 이길 수 있다'라는 말은 어떤가. 필자는 실제로 그런 상태를 체험한 적이 있다.

언젠가 중국에 여행 갔을 때 서주(徐州)에서 처음으로 40도나 되는 더위를 만났다. 역에서 열차를 기다리고 있는데 대합실의 온도계가 40도를 가리키고 있었다. 낡은 선풍기는 덜그덕거리며 돌아가나 열에 의해 공기를 더욱 뜨겁게 할 뿐이었다. 참지 못하고 밖으로 나가보았지만 바깥 역시 덥기는 마찬가지였다. 두세 번 출입을 반복하면서 느낀 것은 가만히 있는 것이 최고라는 사실이었다. 결국 나는 역의 벤치에서 한 시간이나 가만히 앉아서 40도가 넘는 더위를 견뎌냈다.

『노자』에 이 글을 쓴 사람도 분명히 그런 더위를 겪어본 인물이리라. 그런데 『노자』에서는 '가만히 있는 것이 최고'라는 말을 '청정'이라고 표현했다. '청정'이란 이리저리 움직이지 않으며 계속 가만히 있는다는 의미로 『노자』 철학을 대표하는 핵심어 가운데 하나다.

이와 관련된 이야기를 들어보자.

옛날 유방(劉邦)의 공신인 조참(曹參)이라는 인물이 있었다. 유방이 천하를 손에 쥔 후 제(齊)나라의 재상으로 임명되었는데 원래 그는 장군 출신이어서 정치면에는 소질이 없었다. 그래서 제나라로 부임한 후부터 그 방면의 최고자들을 불러 정치의 비결을 들어보기로 했다. 그러나 누구의 말을 들어도 도저히 납득할 수 있는 말이 없었다.

그때 마침 '황노(黃老)의 술(術)법'을 연구한 한 노인이 있다는 말을 들었다. '황노의 술법'은 『노자』의 정치 철학이다. 그 노인을 불러들여 가르침을 청했더니 노인은 이렇게 말했다.

"정치는 청정이 중요합니다. 그러면 백성들이 스스로 바로잡힙니다."

조참은 노인의 가르침을 좇아 정치를 한 결과 제나라를 잘 다스렸고, 후대까지 명재상이라 칭송받았다고 한다.

'청정'의 정치를 요즘 말로 생각해 보면 다음과 같다.

- 명령이나 지시를 최소화 한다

- 강제로 정책을 전개하지 않고 국민의 활력에 맡긴다
- 단, 권력의 핵심이 되는 부분은 확실하게 장악한다

이것이 『노자』가 말하는 이상적인 정치상이다.

4. 문밖으로 나서지 않아도 세상을 안다

【해독】

밖에 나가지 않아도 천하의 동정을 알 수 있다. 창문을 열지 않아도 하늘의 섭리를 알 수 있다. 멀리 나갈수록 지식은 점점 멀어진다.

그러므로 '도'를 깨우친 사람은 바깥으로 나가지 않아도 사물을 이해하고, 눈으로 보지 않아도 사물을 식별하며, 굳이 하지 않더라도 성과를 낼 수 있다.

【직역·원문】

문밖을 나가지 않아도 하늘 아래를 알고, 창밖을 내다보지 않아도 하늘의 길을 본다. 나갈수록 멀어지고, 알수록 적어진다. 그러므로 성스러운 사람은 다니지 아니하여도 알고, 드러내지 아니하여도 드러나고, 하지 아니하여도 이룬다.

不出于戶, 以知天下. 不窺于牖, 以知天道. 其出彌遠, 其知彌少. 是以聖人不行而知, 不見而名, 弗爲而成.(제47장)

【언소】

본질에 따른 원리 원칙을

나가보지 않아도 세상을 다 안다니, 매우 뛰어난 능력이다. 어떻게 하면 그런 능력을 가질 수 있을까?

앞서 『노자』에서 '다른 사람을 아는 것은 지(知)요, 자신을 아는 것은 명(明)이다' 라는 말을 떠올려 보자.

사태를 파악하고 사물을 판단할 때 우리는 일반적으로 이미 알고 있는 경험적 지식에 의존한다. 이것은 '지'의 수준이라 할 수 있다. 이에 반해 '명'은 현상 깊숙한 곳의 흐름까지 파악하므로 눈에 드러나는 현상에 혹하지 않으며, 그 수준은 본질을 찾아낼 수 있는 정도다. 자신이 경험한 것 이상을 직시할 수 있는 사물을 보는 눈이라고 할 수 있다. 그러므로 집 안에 있으면서도 천하의 동정을 알 수 있다.

여러 번 나온 말이지만, 『노자』의 근본 사상은 '도'다. '도'는 만물을 생겨나게 하고 존재하게 하는 근본적인 원리다. 그러므로 '도'를 깨우치고, '도'가 되면 이 세상에서 일어나는 모든 현상들을 파악할 수 있다.

무슨 말인지는 쉽게 알 수 있지만 '도'를 깨우친다는 것은 말처럼 그렇게 간단하지 않다.

옛사람들의 가르침을 배우고, 경험을 쌓아서 현상의 깊숙한 곳에 내포된 본질을 보고, 그것을 움직이는 원리와 원칙을 탐구하는 노력을 하면 우리도 '명'의 수준에 이를 수 있으리라 믿는다.

이번 장에 나온 '멀리 나갈수록 지식은 점점 더 멀어진다'라는 말에서 최근 유행처럼 번져 있는 해외 여행을 떠올려 본다. 매년 천 수백만여 명의 사람이 국외로 나간다고 한다. 그러나 무엇을 보고 무엇을 느꼈는지 알 수 없다. 기껏 '그곳의 음식들이 맛있었다', '그 가게에서 이 물건을 사 왔다' 정도가 고작이다.

'관광이 원래 그런 것이다'라고 말한다면 할 말이 없다. 그렇다면 유학은 어떤가? 유학 또한 젊은 세대들을 중심으로 상당히 많은 사람들 사이에서 유행처럼 퍼지고 있다.

그러나 갔다 와서는 '영어 실력이 늘었다', '중국어로 말할 수 있다' 정도가 전부여서는 안 된다. 최소한 그 사회의 주류는 어떤 것인지, 어떠한 문화적인 차이가 있는지 정도는 알고 돌아와야 한다. 그것은 '지'나 '명'의 원동력이다.

흥망의 이치를 터득하다

오늘날과 같이 혼미한 시대일수록 '역사에서 배우라'는 말들을 많이 한다. 역사가 통찰력을 기를 때 꼭 필요하다는 사실은 자명하다. 그러나 이때 주의해야 할 점이 있다.

역사 공부라고 하면 보통 '몇 년도에 무슨 일이 있었다' 등을 암기하고 기억하는 것을 상기한다. 그러나 그런 공부는 아무런 소용이 없다.

역사란 어떤 의미에서 옛사람들이 겪은 고통의 기록이라 할 수 있다. 역사서에는 '이 정치가는 이러한 정치를 해서 나라를 망하게 했다', '그 장군은 이러한 전략 전술을 사용해서 승리를 거둘 수 있었다' 등의 기록들이 많다. 그런 기록들에서 배울 것이 있다면 현대에 적용하여 같은 실패를 반복하지 않을 수 있다.

그러나 그것으로 끝나서는 안 된다. 역사는 어느 나라의 역사든 흥망의 역사다. 이제까지 어느 나라든 기업이든 영원하지 못했으며, 흥하고 망하기를 반복해 왔다. 그 흥망이 이유없이 반복된 것은 아니다. 흥할 이유가 있어서 흥한 것이고, 망할 원인이 있어서 망했다.

우리는 역사에서 '흥망의 이치'를 찾을 수 있다. 그것을 터득하는 것이 역사를 배우는 가장 큰 목표이자 성과다.

이러한 '흥망의 이치'를 깨우치고 터득할 수 있다면 『노자』에서 말한 '밖에 나가지 않아도 천하의 동정을 알' 수 있는 수준에 가까워질 수 있으리라.

5. '무위'에 철저하라

【해독】

나라를 다스릴 때는 정도(正道)를 가고, 전쟁에 이기려면 기도(奇道)를 가지고 한다. 그러나 천하를 다스릴 때는 무위에 철저해야 한다.

왜 무위여야 하나?

금지 명령이 많아질수록 백성들은 가난해지고 기술이 진보할수록 사회는 혼란스러워지지 않는가. 인간의 지혜가 늘수록 불행한 사건이 많아지며, 법령이 정비될수록 범죄자는 늘어나지 않는가.

성인은 이렇게 말한다.

"내가 무위하면 백성은 스스로 교화된다. 내가 청정을 좋아하면 백성은 스스로 정도로 돌아간다. 내가 작위를 싫어하면 백성은 스스로 부유해진다. 내가 무욕하면 백성은 스스로 본성을 되찾는다."

【직역 · 원문】

나라를 다스릴 때는 정법으로 하고, 무력을 쓸 때는 기법으로 하고, 천하를 취할 때는 무사로 하라. 내 이것을 아는 이유는 바로 이 때문이다. 하늘 아래 꺼리고 피할 것이 많으면 많을수록 백성은 더욱 가난해지고, 백성이 이로운 기물을 많이 가지면 가질수록 나라나 가정은 점점 혼미해지고, 사람이 기교가 많으면 많을수록 기괴한 물건이 점점 생겨나고, 법령이 많아지면 많아질수록 도적이 늘어난다. 그러므로 성스러운 사람은 이렇게 말한다. 내가 아무것도 하지 않으니 백성이 스스로 질서를 찾고, 내가 고요하기를 좋아하니 백성이 스스로 바르게 되고, 내게 일이 없으니 백성이 스스로 부유하게 된다. 나는 바람을 가지지 않는다. 그러니 백성은 스스로 통나무가 될 뿐이다.

以正治邦, 以奇用兵, 以無事取天下. 吾何以知其然也哉. 夫天下多忌諱, 而民彌貧. 民多利器, 而邦家滋昏. 人多智慧, 而奇物滋起. 法物滋章, 是以聖人之言曰, 我無爲而民自化, 我好靜而民自正, 我無事而民自富, 我欲不欲而民自樸.(제57장)

【언소】

신뢰를 잃을수록 규제를 늘린다

이번 장에서도 '무위'의 효용성에 대해 말하고 있다.

'이정치국(以正治國)'에서 '정'은 정공법을 의미하며 정치에서라면 덕으로써 임하는 통치법을 가리킨다. 또한 '이기용병(以奇用兵)'에서 '기'는 변화 기술이나 기습 작전 등과 같은 종류를 의미한다. '기'로써 승리를 거두는 것은 『손자』를 비롯한 병법서에서 특히 강조하고 있다.

즉, 정치에서 '정', 전쟁에서 '기'는 당시의 상식이자 지극히 기본적인 대응이었다. 이에 비해 『노자』에서 말하는 '무위'는 '정'이나 '기' 수준을 훨씬 뛰어넘는 수준이다.

그렇다면 왜 '무위'가 이상적인가? 이번 장에서도 『노자』는 역설법을 사용했는데 충분한 설득력을 갖추고 있다.

"하늘 아래 꺼리고 피할 것이 많으면 많을수록 백성은 더욱 가난해진다."

"백성이 이로운 기물을 많이 가지면 가질수록 나라나 가정은 점점 혼미해진다."

"사람이 기교가 많으면 많을수록 기괴한 물건이 점점 생겨난다."

"법령이 많아지면 많아질수록 도적이 늘어난다."

모두 주옥같은 명언들이다.

이 말들과 관련된 『무장감상기(武將感狀記)』라는 책에 나오는 이야기를 살펴보자.

오다하라[小田原], 호죠씨[北條氏] 말기 4대(四代) 씨정(氏政) 시대에 한 노승이 성 주변에 왔다가 사거리에 붙은 금지령에 관한 방을 보며 말했다.

"아, 너무하는군. 호죠씨도 이제 끝인가!"

그런 일이 있었다는 보고를 받은 담당 무사는 노승을 불러 말했다.

"왜 그런 말을 했는가? 방에 쓰인 내용이 도리에 어긋나기라도 했는가?"

노승은 대답했다.

"아닙니다. 모두 훌륭한 말들입니다."

"그렇다면 왜 그런 호죠씨도 이제 끝장이라는 말을 한 것인가?"

노승은 말했다.

"제가 30년 전 이 성 아래에 왔을 때 당시 방에 써 있던 것들은 기껏해야 5개 조항뿐이었습니다. 그런데 이번에 와보니 30개로 늘어나 있었습니다. 그 때문에 호죠씨도 끝이 보인다고 생각한 것입니다."

의아한 얼굴로 쳐다보는 무사에게 노승은 또 이렇게 말했다.

"번(藩)의 주인에게 위엄이 있어 사민 모두가 기꺼이 복종할 때는 법령이 적어도 괜찮았습니다. 번의 주인이 총명하지 못하고 위엄을 잃자 사민들 사이에도 불신자들이 늘어나며 그래서 법령도 점점 늘어나고 복잡해진 것입니다. 사민들이 복잡한 법령을 기뻐할 리가 없습니다. 사민의 마음이 번의 주인에게서 멀어지는 것은 곧 망국으로 가는 길입니다.

방에 써진 조항들이 문제가 되는가 여부는 아무 상관이 없습니다. 정치의 근본을 통찰할 수 있는가가 더욱 중요합니다."

이 일이 있은 후 얼마 되지 않아 호죠씨의 씨정은 멸망했고 4대 100년 동안의 치세는 종지부를 찍었다.

규제는 활력을 없앤다

노승이 지적한 것은 오늘날의 사회에서도 마찬가지다. 나라든 기업이든 '이것은 하면 안 된다', '저것도 하면 안 된다' 라는 식의 규제가 강화될수록 활력은 사라진다. 또한 법이 엄할수록 피할 방법을 궁리하는 사람들도 늘어난다.

이 점은 예나 지금이나 마찬가지다.

최근 각계에서 규제 완화 바람이 불고 있다. 그러나 그만큼 효용성을 거두지 못하고 불필요한 혼란만 가중되고 있는 듯하다.

규제 완화라는 취지는 좋다. 그러나 졸속 완화는 혼란을 초래할 뿐이다. 조금씩 착실하게 진행해야 한다. 단, 나라나 정부의 지도력만큼은 반드시 갖추어져야 한다. 중요한 부분은 확실하게 장악하고, 꼭 규제해야 할 것은 확실히 규제해야 한다.

규제 완화는 이것이 전제된 후에 행해져야 효과가 있다. 그렇지 않으면 오히려 쓸데없는 혼란만 더 늘어날 뿐이다. 이것이 『노자』에서 말하는 '무위'의 정치에 이를 수 있는 방법이다.

6. 싸움을 먼저 걸지 말라

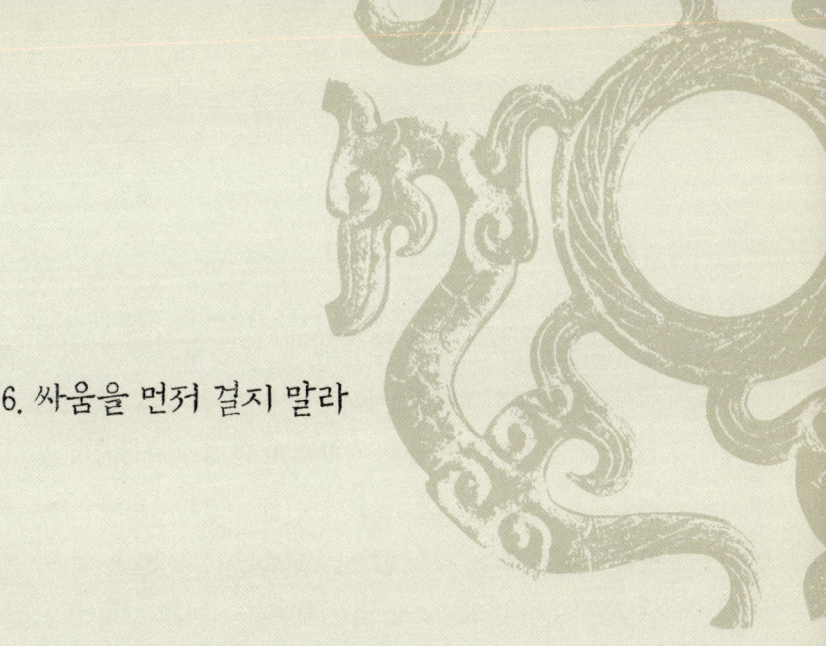

【해독】

병법은 이러하다.

"먼저 적극적으로 나아가지 말며 상대가 오기를 기다린다. 먼저 싸우려 들기보다는 물러서서 지키기를 고수하라."

즉, 일부러 진격하거나 팔을 휘두르지 않으며, 굳이 먼저 무기를 들고 공격을 하지 않는다는 의미다.

적을 가벼이 여겨 무턱대고 공격하는 것은 이롭지 못하다. 그것은 곧 나라를 파멸시키는 일이다. 양쪽의 전력이 백중지세일 때는 정면 승부를 피해야 이길 수 있다.

【직역·원문】

 병을 쓰는 것에 관한 말이 있다. 나는 감히 주가 되지 않고 객이 되며, 감히 한 뼘이라도 나아가지 않고 몇 발 뒤로 물러선다. 이는 행동하지 않는 행함이요, 완력을 사용하지 않고 물리침이다. 또한 병사를 일으키지 않고 붙잡음이자 적의 저항 없이 나아감이다. 적을 얕보는 것보다 더 큰 탈은 없다. 적을 얕보고 소홀히 하면 내가 지닌 보물을 단번에 잃게 된다. 그러므로 병력을 일으켜 서로 증강하는 것을 슬퍼하는 자가 승리한다.

 用兵有言曰, 吾不敢爲主而爲客, 不敢進寸而退尺. 是謂行無行, 攘無臂, 執無兵, 扔無敵. 禍莫大于無敵, 無敵近亡吾寶矣. 故抗兵相若, 而哀者勝矣.(제69장)

【언소】

 전쟁은 피하는 것이 좋다. 그러나……
 이번 장은 노자의 전쟁관에 관한 내용이다. 전쟁에 대한 『노자』의 생각은 앞서도 언급된 바 있다.
『노자』의 전쟁관을 요약해 보면 다음과 같다.

- 군비는 억지(抑止)력, 방어력으로 보유해야 한다.
- 전쟁은 만에 하나 어쩔 수 없을 때만 한다.
- 먼저 행사하게 된 때에는 있는 힘을 다 써서는 안 된다.
- 무력을 행사하기보다는 싸우지 않고 이기는 것이 우선이다.
- 만약 싸우게 되면 조기에 종결해야 한다.
- 이겼더라도 기뻐하거나 힘을 과시해서는 안 된다.

종합적으로 볼 때 『노자』는 전쟁에 대해 지극히 소극적인 태도를 취하고 있다. 『노자』는 어느 시대에서든 전쟁의 가장 큰 피해를 입는 약자의 상황을 고려하기 때문이다. 그러나 아무리 전쟁을 반대한다 해도 전쟁이란 피할 수 없는 일이므로 『노자』에서는 현명한 전쟁을 하라고 위정자들의 이성에 호소하고 있다.
전국 난세의 시대에 이러한 주장이 얼마나 효과가 있었는지는 알 수 없으나, 분명한 것은 『노자』는 약자들을 대변해 주었다는 사실이다.

싸우지 말고 이기라

이번 장의 핵심은 '먼저 나서지 말라'는 내용이다. 이는 검도에서도 마찬가지다.

검으로는 전국 시대 최고였다고 전해지는 쓰카하라 보쿠덴[塚原卜傳]에 관한 이야기를 들어보자.

여러 나라를 떠돌아다니던 중 어느 나루터에서 한 무예가와 함께 배를 타게 되었다. 그는 자기 솜씨에 자신이 있는 것 같았다. 배를 같이 탄 승객들에게 계속 자신의 힘을 자랑하면서 보쿠덴에게도 '당신은 어떤가? 자신있는가?' 하고 물었다.

보쿠덴은 '나도 젊을 때부터 열심히 수련 중이다'라고 대답했더니 그는 '어떤 유파인가' 하고 물었다. 보쿠덴은 '나는 손을 대지 않고 이기는 유파다, 칼을 뽑는 것은 미숙하다는 증거다'라고 대답했다. 화가 난 그는 '그렇다면 이곳에서 결판을 보자'며 도전장을 냈다.

그러자 보쿠덴은 이렇게 말하고 배를 섬으로 향하게 했다.

"좋다. 그러나 이곳은 배 안이니 다른 승객들에게 피해를 준다. 저 앞에 섬이 있으니 거기서 끝장을 보자."

배가 섬에 가까워지자 무예가는 기다렸다는 듯 큰 칼을 뽑아 들고 섬을 향해 몸을 던졌다. 그러자 보쿠덴은 직접 노를 저어

뱃머리를 돌려 바다로 향하며 외쳤다.

"내가 손을 대지 않고 이긴다는 것은 바로 이를 뜻한 말이라네. 거기서 천천히 쉬고 오시게."

보쿠덴과 같은 명인들은 주어진 기회를 결코 놓치지 않는 법이다.

또 이런 이야기가 있다.

검술 중에 마정염류(馬庭念流)라는 유파가 있다.

'수양의 검법'이라 불린 이 검술은 '쓰지 않는 검술'이라는 별칭이 있을 만큼 공격에 있어서는 허점투성이로 보였다. 그러나 큰 칼을 오른쪽으로 늘어뜨리고 상반신을 앞으로 내미는 자세로 방어하는 자세는 상대가 먼저 범접할 수 없는 강함을 지녔다.

이러한 염류를 중흥시킨 사다지[又七郎定次]라는 명인도 늘 이렇게 가르쳤다고 한다.

"결코 다른 사람과 싸우지 말며, 싸우기를 좋아해서도 안 된다. 일을 어렵게 만들어서는 안 된다."

염류의 비전서에도 '염류는 처세의 도다', '승부를 건다 해도 적을 죽이지는 말라'라는 등의 말이 쓰여 있다고 한다. 그렇다면 이 검법은 어쩌면 『노자』의 실천편이라고도 할 수 있다.

그리고 이 사상은 염류의 비전서가 말한 것처럼 전쟁이나 검법뿐만이 아닌 처세의 극치로 활용될 수 있다. '먼저 싸움을 걸지 않는 것'은 자신이 살고 다른 사람을 살리는 길이기도 하다.

단, '먼저 싸움을 걸지 않는 것'이라 하더라도 상대에 무조건 끌려가서는 안 된다. 자신의 의견과 방침은 확고하게 지니고 있어야 한다.

7. 진실한 말은 꾸밈이 없다

【해독】

　진실한 말은 꾸밈이 없으며, 꾸밈이 있는 말은 진실하지 못하다. 명지(明知)가 있는 사람은 아는 체하지 않으며, 아는 체하는 사람은 명지가 모자란다. 뛰어난 인물은 말을 많이 하지 않으며, 말을 많이 하는 사람은 뛰어난 자가 아니다.
　'도'를 깨우친 사람은 쌓아두지 아니하며, 다른 사람들에게 나누어 주어 더욱더 부자가 된다.
　하늘은 만물을 해하지 않으며 많은 혜택을 준다. '도'를 깨우친 사람도 다른 사람과 싸우지 않으며 다른 사람을 위해 노력한다.

【직역 · 원문】

믿음이 있는 말은 아름답지 아니하고, 아름다운 말은 믿음직하지 아니하다. 좋은 사람은 따지지 아니하며, 따지는 사람은 좋지 아니하다. 아는 자는 떠벌리지 아니하고, 떠벌리는 자는 알지 못한다. 힘써 남을 위하면 위할수록 자기가 더 있게 된다. 힘써 남에게 주면 줄수록 자기가 더 풍요롭게 된다. 이롭게 하면서도 해치지 아니하고, 성스러운 사람의 길은 잘하면서도 다투지 아니한다.

信言不美, 美言不信. 知者不博, 博者不知. 善者不多, 多者不善. 聖人無積, 旣以爲人, 已愈有, 旣以予人, 已愈多. 故天之道, 利而不害. 人之道, 爲而弗爭.(제81장)

【언소】

'무위'에는 이러한 장점이 있다

지금까지 『노자』는 '무위'의 처세술에 대해 여러 가지 각도에서 말을 했다. 이번 장에서는 이때까지 말한 모든 것을 정리하고 있다. 요약하면 다음과 같다.

- 꾸밈없이 소박한 것.
- 무지하며 지식을 쌓아두지 않는 것.
- 말을 많이 하거나 잘하지 않는 것.
- 이익을 독차지하지 않는 것.
- 한 걸음 물러서 다른 사람과 싸우지 않는 것.

특히 이번 장에서 인상 깊은 것은 '진실한 말은 꾸밈이 없다' 라는 말이다.

말을 유창하게 잘하는 사람을 대하면 경박한 느낌이 들어 믿음이 가지 않는다. 이에 반해 더듬거리며 자기 모습을 숨김없이 드러내는 사람을 만나면 그 사람의 사람됨까지 믿음이 간다. 확실히 '아름다운 말' 보다는 '믿음을 주는 말' 이 더 설득력이 있다.

'나무 닭' 처럼

위에 『노자』의 처세술을 실현하기 위한 다섯 가지 전제 조건을 언급했는데, 그렇다면 만약 그 조건들을 모두 갖추면 어떤 사람이 될까? 『장자』에 나오는 '나무 닭' 에 관한 이야기를 살펴보자.

옛날에 싸움닭을 훈련시키는 기성자(紀渻子)라는 명인이 있었는데 어느 날 닭 한 마리를 훈련시키라는 왕명을 받았다.

기성자는 왕을 위해 싸움닭을 길렀고, 열흘 뒤 왕이 그에게 닭이 쓸 만한지를 물었다. 기성자가 말했다.

"아직 멀었습니다. 닭이 쓸데없이 교만하여 자신의 기운을 믿습니다."

다시 열흘 뒤에 왕이 묻자 그가 대답했다.

"아직 멀었습니다. 여전히 소리가 들리거나 그림자가 보이면 반응을 합니다."

또 열흘 뒤에 물었다.

"아직 멀었습니다. 여전히 노려보며 지지 않으려 듭니다."

열흘이 지나고 기성자가 대답했다.

"이젠 됐습니다. 다른 닭이 울더라도 꿈쩍하지 않습니다. 보기에는 나무로 만든 닭과 같은데, 이는 그 덕이 온전한 때문이며 이제 다른 닭이 감히 덤비지 못하고 달아납니다."

기성자의 말을 원문 그대로 옮기면 다음과 같다.

"幾矣 鷄雖有鳴者 已无變矣 望之似木鷄矣 其德全矣 異鷄无敢應 見者反走矣."

여기에서 중요한 것은 '그 덕이 온전하다' 라는 말이다. 몸속까지 정말로 나무로 만들어진 것이었다면 이야기가 성립되지 않는다. 몸속은 덕으로 충만해야 한다는 점이 중요하다.

이때 덕에는 이번 장에 나온 『노자』의 다섯 가지 항목은 물론이며 능력이나 권모술수와 같은 것들까지 내포되어 있다. 그럴 때 비로소 상대의 공격을 저지할 수 있는 억지력이 생긴다.

단, 그러한 요소는 확실하게 지니되 깊은 곳에 지녀 겉으로 드러나게 해서는 안 된다. 이것이 바로 진정한 나무 닭이다.

『채근담』에서도 이렇게 말한다.

"지혜와 계략과 기계가 오묘하나 이를 모르는 자처럼 하면 높다 하고, 알아도 쓰지 않는 이를 더욱 높다 하느니라[智械機巧不知者爲高知之而不用者爲尤高]."

'권모술수를 모르는 것은 고상한 인물이다. 그러나 그것을 알면서도 사용하지 않는 사람은 더욱 높은 사람이다' 라는 말이다.

자신이 가진 권모술수로 생각없이 그냥 상대방을 물리친다면 이것은 같은 나무 닭이라도 단순한 인형에 지나지 않는다.

이상적인 나무 닭을 목표로 산 사람들도 많이 있다.

최근 스모 선수인 다카노하나[貴乃花]도 이를 위해 노력한 사람이다. 그의 그런 소질은 매우 뛰어났지만 가정사 등 외부 문제 때문에 결국 끝까지 도달하지 못한 점은 매우 아쉽다.

골프 선수인 타이거 우즈도 그렇다. 경기가 잘될 때는 단연 돋보이는 실력을 발휘하여 다른 선수를 제압한다. 함께 경기를 하는 선수들은 모두 우즈의 위압감이 대단하다고 입을 모은다. 그런데 우즈도 본업 이외에 신경 쓰이는 일들이 많은 것 같다. 이대로라면 '나무 닭'의 경지가 될 코앞에서 그쳐 버릴 것 같아 안타깝다. 닭조차도 그 경지에 오르기까지 40일의 훈련이 필요했다. 하물며 우리 인간들은 평생 수련해 나가야 하지 않겠는가.

6

지도자의 삶

1. 이것이 이상적인 지도자다

【해독】

부하가 그 존재감을 인식하지 못하는 지도자야말로 가장 이상적인 지도자라 할 수 있다.

이보다 한 단계 못한 것은 부하에게 경애를 받는 지도자이고, 더욱 못한 것은 부하에게 공포감을 갖게 하는 지도자이며, 가장 못한 것은 부하가 바보로 여기는 지도자다.

약속을 지키지 않는 지도자는 부하에게 신뢰를 받을 수 없다.

변명도 선전도 하지 않으며, 훌륭한 성과를 거두어도 그것이 자신의 성과라고 생각하지 않는 지도자야말로 가장 이상적인 지도자상이다.

【직역·원문】

　가장 좋은 다스림은 밑에 있는 사람들이 다스리는 자가 있다는 것만 알 뿐이다. 그 다음은 백성들을 친하게 하고 사랑하게 하는 다스림이다. 그 다음은 백성들을 두려워하게 만드는 다스림이며, 그 다음은 백성들에게 모멸감을 주는 다스림이다. 믿음이 부족한 곳에는 반드시 불신이 그윽하도다. 다스리는 자는 그 말을 귀히 여기며, 공이 이루어지고 일이 다 되어도 백 가지 성의 사람들이 한결같이 일컬어 나 스스로 그러할 뿐이라고 하는도다.

　太上, 下知有之. 其次親譽之. 其次畏之. 其下侮之. 信不足, 焉有不信. 猶呵其貴言也. 成功遂事, 而百姓謂我自然.(제17장)

【언소】

요(堯)나 순(舜)이 이상적인 지도자상

이번 장에서는 지도자를 네 가지 단계로 나누었다.

우선 가장 낮은 단계의 지도자부터 살펴보자. 나라를 예로 들어보면 '대통령이 뭐 그 정도 사람밖에 안 되나'라고 바보 취급을 받는 사람이다. 이는 나라에도 국민들에게도 불행한 일이다.

그 다음은 부하에게 공포감을 주는 지도자다. 예를 들어 회사에 나오면 사내의 공기가 갑자기 싸늘해지는 유형의 지도자로 마치 천둥 같은 공포감을 자아낸다. 존재감은 있으나 『노자』에서는 이를 밑에서 두 번째 수준 정도로밖에 여기지 않는다.

그 위 수준은 부하에게 존경과 사랑을 받는 지도자다. 일반적으로는 이 수준을 최고로 생각하지만 『노자』에서는 이것으로는 불충분하다고 한다.

최고 수준은 '부하들이 그 존재감을 인식하지 못하는' 지도자다. 부하들은 위에 지도자가 있다는 것은 알지만 보통 때는 그 존재를 의식하지 못하며 부담감도 느끼지 않는다. 이것이 이상적인 지도자상이다.

이러한 지도자가 있었던가? 그 예로 요(堯)나 순(舜)을 들 수 있다.

요에 대해서는 이러한 이야기가 전해지고 있다.

요 임금이 황제로서 천하를 다스린 것은 50년에 달한다. 그런데 요 임금은 도대체 천하가 잘 다스려지고 있는지, 백성들이 자신을 황제로 받들기를 원하는지 등에 대해서는 그 자신도 잘 몰랐다고 한다. 측근들에게 물어보기도 했지만 모른다고 했다. 불안해진 요 임금은 어느 날 민정 시찰을 나가보았다. 그랬더니 한 노인이 입을 무어라 웅얼거리면서 고복격양(鼓腹擊壤:배를 두드리고 발을 구르며 흥겨워한다는 뜻으로, 백성들이 태평세월을 누린다는 의미-옮긴이)하며 노래를 부르고 있는 것이 아닌가.

해가 뜨면 일하고 해가 지면 쉬네[日出而作 日入而息].
밭을 갈아서 먹고 우물을 파서 마시니[耕田而食 鑿井而飮]
임금님의 힘이 나에게 무슨 소용인가요[帝力何有于我哉].

이를 본 요 임금은 안심하고 궁전으로 돌아갔다고 한다.

천하가 잘 다스려지고 있는 것은 사실 요 임금의 덕분이었다. 그러나 사람들은 요 임금의 존재를 전혀 의식하지 않으면서 평화로운 생활을 즐기고 있었던 것이다.

순 임금에 대해서 공자는 이렇게 말했다.

"무위의 자세로 정치를 한 사람 중 대표적인 사람으로 순을 들 수 있다. 이 사람은 적극적인 정책이란 단 한 가지도 시행하지 않았다. 스스로 겸허한 자세로 천자의 자리에 있었다고 한다[無爲而治者 其舜也與 夫何爲哉 恭己正南面而已矣]『논어』."

그래서 순 임금 시대도 천하가 잘 다스려졌다.

두 가지 전제가 필요하다

그런데 요나 순은 사실 후대 사람들이 이상적인 지도자상으로 그려낸 전설 속의 임금이다. 실제로 이에 가깝게 되려면 어떻게 해야 할까? 적어도 다음 두 가지 전제 조건이 있어야 한다.

- 인재 등용에 관한 문제다.

최고 지도자가 아무리 유능해도 혼자서는 아무것도 할 수 없다. 뛰어난 인재를 등용해서 적재적소에 배치하여 믿고 일을 맡길 수 있어야 한다. 사실 요나 순이 가장 고심했던 부분도 이 문제인데, 이것이 잘 해결되어야만 왕이 가만히 있어도 나라가 잘 다스려진다.

- 권력의 핵심적인 부분은 확실하게 장악해야 한다는 점이다.

예를 들어 인사권, 재정권 등을 확실히 장악하지 못하면 최고 지도자는 유명무실하며 조직을 통제할 수도 없다. 또한 장악하더라도 '나는 그런 것 잘 모른다'는 표정으로 침묵을 지키면 더욱 위엄을 가질 수 있다. 그런 의미에서 최고 지도자에게는 연기력도 필요하다.

이 두 가지 조건이 만족되고서야 비로소 『노자』가 말한 '아랫사람이 그의 존재를 의식하지 못하는' 수준에 가까워질 수 있다. 그렇게 되면 아랫사람들에게 자신의 힘을 발휘하여 통제하면서도 활력을 불어넣어 줄 수 있다.

가능하면 이러한 지도자를 목표로 하라.

그러나 현실적으로 아랫사람들에게 바보 소리를 듣는 지도자들도 적지 않다. 엄밀히 말하면 이런 사람은 처음부터 지도자의 지위에 오르지 말았어야 했다. 그것이 본인을 위해서도 조직을 위해서도 더 낫다.

또한 부하들에게 공포감을 주는 지도자는 그 수준에서 만족하지 말고 존경받고, 사랑받을 수 있는 수준이 되도록 노력해야 한다.

2. 옳은 것은 그른 것이 되고 선은 악이 된다

【해독】

　무위의 정치를 행하면 백성들은 평화롭게 지낼 수 있다. 반대로 작위적인 정치를 행하면 백성들은 방황하게 된다.
　불행 안에는 행복이 있고, 행복 안에는 불행이 들어 있다. 그러나 이를 제대로 볼 줄 아는 사람은 거의 없다.
　옳은 것은 끝까지 옳지 못하고 곧 그른 것이 되며, 선은 악이 된다. 그러나 이 진리를 오래전부터 깨닫지 못하고 있다.
　'도'를 깨우친 사람은 방정(方正)하여 타인을 임의로 판단하지 않는다. 청렴하면서도 다른 사람을 비판하지 않는다. 진실로

곧으면서도 굽어져 다른 사람을 따른다. 명지를 지니고 있어도 그것을 과시하지 않는다.

【직역 · 원문】

나라를 다스리는 일이 대범해 걸림이 없다면 백성은 순순해지고, 나라를 다스리는 일이 번잡하고 옹색하면 백성은 절망한다. 불행은 행복을 뒤따라오며 행복은 불행의 복병이다. 어느 누가 치우치면 그렇게 된다는 것을 알까? 그러한 치우침에 공명정대함이란 없다. 치우침으로 올바른 것이 이상하게 되고, 선함이 요망하게 여겨진다. 그러나 인간은 오래전부터 이를 착각해 왔다. 이로써 분명하고 숨김이 없으면서도 결판을 내지 않으며, 청렴하면서도 인색하지 않고, 솔직하면서도 수작을 부리지 않으며, 빛나되 눈부시게 하지 않는다.

其政悶悶, 其民屯屯. 其政察察, 其民欠欠. 禍, 福之所倚, 福, 禍之所伏. 孰知其極. 其無正也. 正復爲奇, 善復爲妖. 人之迷也, 其日固久矣. 是以聖人, 方而不割, 廉而不刺, 直而不繼, 光而不耀. (제58장)

【언소】

맑은 것도 탁한 것도 함께 지닌다

성실하고 꼼꼼한 사람은 흑인지 백인지, 옳은지 그른지를 확실히 한다. 희지도 않고 검지도 않은 애매한 상태는 허용하지 않는다. '비단벌레 색깔로 해결(비단벌레의 색깔이 광선의 방향에 따라 녹색이나 자줏빛으로 보이는 빛깔의 벌레라는 것에서 유래, 견해에 따라 어느 쪽으로도 해석할 수 있는 애매한 표현을 의미함—옮긴이)' 하는 것을 가장 싫어하는 사람도 이런 유형이다.

그 나름대로 훌륭한 삶의 방식이기는 하지만 단점도 있다. 인간으로서의 폭이 좁아진다는 점이다. 세부적인 문제에 매달려 큰 것을 보지 못할 우려가 있다.

이와 반대로 모든 가능성을 열어놓고 여지를 남겨두는 방법이 좋기는 하지만 '대충주의자' 라는 비난을 얻을 수도 있다.

일반적으로 일본 사람들 가운데는 전자의 유형이, 중국 사람들 가운데는 후자의 유형이 많은 것 같다. 어느 쪽이 옳다고는 할 수 없으나 본성이 성실한 사람이라면 후자에 더 큰 매력을 느끼리라 생각한다. 사실 『노자』도 후자의 손을 들어준다.

『노자』가 주장하는 '도' 의 눈으로 보면 이 세상의 가치란 모두 상대적인 것에 지나지 않기 때문이다. 현재 올바르고 맑은 것도 언제 그리고 탁한 것으로 변할지 알 수 없다. 당연히 반대의 경우도 마찬가지며 이 세상에 변하지 않는 것은 아무것도 없다.

그러한 상대적인 것에 사로잡히지 않으면서 옳음과 그름, 맑은 것과 탁한 것 모두 지닌다면 '도'에 가까운 삶을 살 수 있다고 한다.

『노자』는 '도'를 깨우치면 자연스럽게 그렇게 살게 된다고 말한다. 이번 장에는 도를 깨우친 사람들의 특징으로 네 가지를 들고 있다.

- 자신이 옳더라도 타인을 임의로 판단하지 않는다
- 자신이 청렴하더라도 다른 사람을 비판하지 않는다
- 자신이 곧더라도 굽어져 다른 사람을 따른다
- 자신이 명지를 지니고 있더라도 그것을 과시하지 않는다.

이 역시 '도'를 깨우친 사람들의 특징이다.

균형을 생각하라

이상적인 지도자상에 관해 언급한 고전은 『노자』 이외에도 많이 있다. 그중 두 가지 정도를 살펴보자.

"진실로 배려가 깊으며, 관용을 베풀 줄 알면서도 그 속에는 엄격함과 강한 의지가 있으면서도 상대를 억누르지 않는다. 또한 위엄이 있으면서도 교만하지 않는다[直而溫 寬而栗 剛而無虐 簡而無傲]." 『서경』

이는 고대 성천자(聖天子) 순을 일컬어 한 말이라고 한다.

"청렴하면서도 포용력이 있으며 깊이 생각하면서도 결단력이 있다. 통찰력이 있으면서도 트집을 잡지 않으며, 순수하되 과격하게 내달리지 않는다. 이런 인물이야말로 꿀을 써도 너무 달지 않게, 소금을 써도 너무 쓰지 않게 쓸 수 있는 이상적인 지도자상이다(能有容 仁能善斷 明不傷察 直不過矯 是謂 蜜餞不甛 海味不 是懿德)" 『채근담』

위 두 가르침은 모두 균형에 관해서 말하고 있다. 깊은 포용력, 즉 맑은 것과 탁한 것을 함께 아우르는 도량을 가지라는 것이 주된 내용이다. 윗사람이 '이것은 안 된다', '이렇게 하는 것은 정말 싫다' 등의 말로 아랫사람을 제어하려 든다면 그 주변에는 사람이 모이지 않는다. 그래서는 지도자로서 실격이다.

그러나 단순히 포용력과 도량만으로 다스린다면 아랫사람들의 방자함을 초래하기 쉽다. 그렇게 되지 않기 위해서는 자신만의 확고한 가치관이 있어야 한다. 『노자』에서는 그래야만 '도'에 들어설 수 있다고 한다. 즉, 관용은 '도'를 갖춘 후에 베풀어야 한다.

그러나 우리에게 '도'는 무리다. 그러나 최소한 관용을 베풀기 전에 자기 나름의 견식을 갖추는 정도는 노력할 수 있다. 그렇게 하면 『노자』에서 말하는 수준에 조금은 가까워질 수 있지 않을까?

3. 대국을 통치하는 것은 생선을 요리하는 것과 같다

【해독】

나라를 다스리는 것은 작은 생선을 굽는 것과도 같아 함부로 뒤적여서는 안 된다.

무위의 '도'로써 천하를 다스리면 귀신도 소란을 일으키지 않는다. 설령 소란을 일으키더라도 사람들에게 해를 끼치지 않는다. 귀신뿐만 아니라 위정자들도 해를 끼치지 않는다. 그 결과 그 둘의 덕이 정치에 반영된다.

【직역·원문】

큰 나라 다스리기를 작은 생선을 조리할 때와 같이 하라. 도로써 하늘 아래에 임하면 그 귀신들도 영력을 부리지 않을 것이다. 실은 그 귀신이 영력을 아니 부린다 함이 아니요, 그 귀신의 영력이 사람을 해하지 아니한다 함이라. 그 귀신의 영력이 사람을 해하지 않을 뿐 아니라, 성스러운 사람 또한 사람을 해하지 아니한다. 대저 귀신도 사람도 서로를 해하지 않으니 그러므로 덕이 귀신과 사람 서로에게 쌓여간다.

治大國若烹小鮮. 以道莅天下, 其鬼不神. 非其鬼不神也, 其神不傷人也. 非其神不傷人也, 聖人亦弗傷人也. 夫兩不相傷, 故德交歸焉.(제60장)

【언소】

지나친 규제는 활력을 없앤다
　이번 장에서는 『노자』의 정치 철학을 확실하게 비유하여 설명하고 있다.

작은 생선을 구울 때 함부로 건드리거나 뒤적이면 부스러지고 맛도 떨어진다. 조심스럽게 구워야 한다. 나라의 정치도 이와 같다. 세세한 것까지 일일이 간섭하면 활력이 없어지고 불필요한 반발도 생겨난다. 핵심적인 부분만 제어하고 그 이외는 민간의 활력에 맡겨야 한다.

최근 일본의 정치를 보면 이 가르침이 더욱 절실하다. 법을 통한 통제, 행정 지도 등의 규제로 꼼짝 못하게 동여매고 있다. 사회 전체에 그 세력이 원활하게 미칠 때는 규제가 필요없었다. 그러나 사회가 몰락함에 따라 그러한 과잉 규제가 판을 치고 있다.

물론 규제가 무조건 나쁘다는 것은 아니다. 더 이상 필요치 않거나 이전 상태로 충분한데도 너무 많이 생기는 것이 문제다. 그러한 규제는 속히 완화, 삭제하여 민간 경쟁의 원리에 맡겨야 한다.

예를 들면 현재 세제(稅制)가 그 대표적인 예이다. 고치고 또 고치기를 반복하여 그 분야의 전문가들도 잘 모르는 부분들이 많다. 또한 주먹구구식 엉터리 적용으로 납세자들의 부담감은 더욱 크다. 그러니 탈세자들도 끊이지 않는다.

『예기』에서는 세금에 대해 '가정맹어호(苛政猛於虎: 가혹한 정치는 호랑이보다 더 무섭다)'라고 했다. 공자가 제자들과 함께 태산(泰山) 근처를 지날 때의 일이다. 한 여인이 무덤 앞에서

울며 슬퍼하고 있었다. 공자는 제자인 자로에게 그 까닭을 묻게 하였다. 그 부인은 대답했다.

"오래전에 시아버님이 호랑이에게 죽임을 당하였고, 저의 남편 또한 호랑이에게 변을 당하였습니다. 그런데 이번에는 저의 아들마저 호랑이에게 목숨을 잃게 되었답니다."

"그러면 떠나면 되지 않느냐?"

"아닙니다. 여기를 떠날 수 없습니다. 이곳은 세금을 가혹하게 징수하지 않기 때문입니다."

자로의 말을 전해 들은 공자는 제자들에게 말했다.

"잘 알아두어라. 가혹한 정치는 호랑이보다 무서운 것이다[苛政猛於虎也]."

세금이 무거운 나라에서는 사람도, 돈도 견뎌나지 못한다는 의미다. 이는 오늘날도 마찬가지다. 일본의 경우 세금이 그저 무거운 수준이 아니라 사소한 일에까지 일일이 참견해서 세금을 부과하고 있는 정도다. 이 상태로 가다 보면 민간의 활력은 점점 더 쇠퇴할 수밖에 없다.

이런 정치가도 있다

그렇다면 실제로 '작은 생선을 조리하듯' 정치를 한 사람은 누가 있을까?

앞서 한나라의 조참이라는 인물을 소개한 바 있다. 그 후 조참은 그 실력을 높이 평가받아 중앙의 부름을 받았다. 재상으로 한 제국의 지도자 자리에 앉게 되었다.

그때 그는 실적을 올리려는 목적으로 엄밀하게 법을 집행하는 사람은 가차없이 목을 쳤다. 그리고 그 자리에 묵묵하고 중후한 인재를 등용하여 만일 과오를 저지르더라도 일체 몰아세우지 않았다. 그래서 재상 관저는 항상 화기애애한 분위기였다고 한다.

그는 밤낮 술만 마시며 정무는 거의 돌보지 않았다. 만약 어떠한 의견을 제시하는 사람이 있으면 '됐네, 됐어. 자네도 한잔할 텐가?' 하며 술을 권했다고 한다.

상대는 어쩔 수 없이 함께 술을 마시다가도 상황을 봐서 다시 그 이야기를 꺼내려고 했다. 그러면 조참은 다시 또 술을 권하면서 말할 기회조차 주지 않았다.

결국 상대는 어느 순간 자신의 의견을 잊어버리고 술에 취한 채 돌아오게 되는 경우가 많았다고 한다.

'성실하지 못하다' 라고 생각될 수도 있겠으나 실제로 그가 실천한 정치는 사실 다음과 같다.

- 적극적으로 정책을 전개하지 않는다.
- 간섭하거나 개입하지 않는다.
- 민간의 활력을 기대한다.

이러한 정치가 어느 시대나 통용될 수는 없겠지만 적어도 그가 살던 시대에는 나라가 잘 다스려졌고, 그는 명재상이라 높이 평가되고 있다.

4. 겸손하므로 지지받는다

【해독】

큰 강이나 큰 바다가 하천보다 위인 까닭은 낮은 곳에 처하며 그 모든 흐름을 받아들이기 때문이다.

이와 마찬가지로 '도'를 깨우친 사람은 국민을 통치할 때 겸손한 태도로 임한다. 자신은 뒤로 물러나 있으며 지도자임을 드러내지 않는다. 그러므로 윗자리에 앉아 있어도 국민은 그 존재를 느끼지 못한다.

국민에게 환대받을 수 있는 것은 재능이나 공적을 뽐내지 않기 때문이다. 그러므로 국민은 자연스레 귀복(歸服)한다.

【직역 · 원문】

강과 바다가 온갖 시내의 왕이 될 수 있는 것은 자기를 잘 낮추기 때문이다. 그러므로 능히 온갖 시내의 왕이 될 수 있는 것이다. 그러니 백성의 위에 서려는 자는 반드시 말로써 자기를 낮추고, 백성의 앞에 서려는 자는 반드시 그 몸을 뒤로 해야 한다. 그러하므로 성스러운 사람은 위에 처해 있어도 아래 백성이 무겁다 아니하고, 앞에 처해 있어도 뒤에 있는 백성이 해롭다 아니한다. 그러하므로 하늘 아래 사람들이 즐거이 그를 추대하면서 싫어하지 아니한다. 항상 그는 다투지 않으니 하늘 아래 사람들이 그와 더불어 다툴 이유가 없다.

江海所以能爲百谷王者, 以其善下之也. 是以能爲百谷王. 是以聖人之欲上民也, 必以其言下之. 其欲先民也, 必以其身后之. 故居上而民弗重之, 居前而民弗害. 天下樂推而弗厭也. 不以其無爭與之爭.(제66장)

【언소】

사람 위에 선 자는 겸손해야

위에 선 자는 겸손해야 한다는 말은 이제까지 『노자』에서 계속 반복되어 나온 주장이다.

『노자』에 나오는 모든 주장은 '도'에서 출발하고 있다. '도'는 만물을 생성하고 존재하게 하는 근원적인 힘이기에 이것이 없으면 만물도 없다. '도'는 그렇게 큰 역할을 하면서도 자신의 공적이나 능력을 과시하지 않으며 항상 조용하다. 즉, '도'는 겸손하다. 『노자』에서는 우리 인간들도 겸손한 자세를 지닌다면 힘든 세상을 원만하게 살아나갈 수 있다고 가르치고 있다.

물론 '겸손'이라는 주장은 『노자』뿐만 아니라 다른 고전, 특히 '도'와 관련있는 많은 다른 고전들에서 중요한 덕목으로 꼽고 있다. 몇 가지 살펴보자.

"스스로 서고자 한다면 우선 남부터 세우고, 스스로 갖고 싶은 것이 있다면 먼저 남에게 주어라. 이와 같이 가까운 곳에서부터 실천하는 것이 인자(仁者)의 참 모습이다[夫仁者 己欲立而立人 己欲達而達人 能近取譬 可謂仁之方也已]." 『논어』

공자는 인(仁)이라는 덕을 가장 중시하면서 '인'을 몸소 실천하는 사람은 항상 겸손하다고 했다.

"높은 지위에 있을 때는 아랫사람을 짓밟지 말고, 낮은 지위에 있을 때는 높은 지위를 뺏으려 하지 말라. 자기 자세를 바로잡고, 타인을 도울 수 있다면 원망할 자가 없다[在上位 不陵下 在下位 不援上 正己而不求於人 則無怨]."『중용』

이 말은 조직 속의 인간관계에 대한 가르침이다. 역시 지위가 높은 사람에게 겸손의 덕을 강조하고 있다.

"현명하다고 해서 그것을 과시하면 따돌림을 당하기 쉽고, 현명하면서도 겸손한 태도를 취하면 사람들의 지지를 받을 수 있다[以財分人謂之賢. 以賢臨人, 未有得人者也. 以賢下人, 未有得人者也]."『장자』

이 말 역시 겸손한 태도를 취하면 누릴 수 있는 이점에 대한 가르침이다.

"인생에서 가장 큰 병의 근원은 오만함이다. 겸손은 모든 선(善)의 기본이며, 오만은 모든 악의 시작이다[人生大病 只是一傲字. ……謙者衆善之基 傲者衆惡之魁]."『전습록(傳習錄)』

양명학의 시조 왕양명이 제자들을 향한 가르침을 적은『전습록』에서도 이처럼 겸손의 덕을 강조하고 있다.

이와 같이『노자』를 비롯한 많은 고전에서 '높은 지위에 있는 사람일수록 더욱 겸손하라'고 가르치고 있다. 그런데도 아랫사람들을 짓밟고 위엄만 부리는 지도자들이 적지 않다.

이렇게 사람이 오만해지는 이유로는 크게 두 가지를 들 수 있다.

첫째, 능력이나 공적 때문이다.

능력이 많거나 공적이 큰 사람은 '나는 다 할 수 있다', '나는 남들과 다르다'라는 생각을 겉으로 드러내기 쉽다. 대부분의 사람들이 그런 태도를 취하기 마련이며 그런 태도를 제어하기 힘들다. 그러나 그런 행동이 원인이 되어 주변의 반감을 사고 반발을 초래한 결과 끝내는 자멸하는 사람들을 많이 볼 수 있다.

둘째, 일이 잘되어가는 분위기의 흐름에 편승하기 때문이다. 그럴 때 사람들은 자칫 오만해지기 쉽다. 그러나 그렇게 오만해진 사람일수록 일이 잘 안 되어 갈 때는 어깨를 축 늘어뜨리고 낙심하는 경우가 많다. 다소 정(情)에 민감한 사람이라 볼 수 있다.

그래서 '능력있는 사람일수록 겸손하라', '지금 일이 잘되어가는 사람일수록 겸손하라'라는 말을 더욱 강조할 수밖에 없다. 이 역시 『노자』에서 말하는 '도'에 가까운 삶의 방식이다.

단, '과유불급(過猶不及)'이라는 말처럼 아무리 훌륭한 덕이라도 지나치면 결점이 생기게 마련이다. 겸허함도 지나치면 자신감이 없는 사람으로 잘못 비추어질 수 있다. 그러면 지도자로서 자격이 없어 보인다. 그러므로 의연한 태도와 자세가 필요하다. 설득력있는 지도자가 되려면 의연하면서도 겸손한 경지에 올라야 한다.

5. 이것이 지도자의 보물이다

【해독】

" '도'는 매우 큰 것이나 어딘가 모자라 보인다"라고들 말한다. 그러나 모자라므로 커 보일 수 있는 것이다. 그렇지 않다면 '도'는 이내 사라져 버렸을 것이다.

'도'는 세 가지 보물을 지니고 있다. 다른 사람에 대한 자애, 검소한 생활, 겸손이 그것이다. 다른 사람에게 자애를 베풀기에 용감할 수 있다. 또한 검소한 생활을 해야만 다른 사람을 위기에서 구해낼 수 있다. 다른 사람보다 앞서고자 하지 않고 겸손해야만 지도자로서 확실한 자리매김을 할 수 있다.

자애로움 없는 용기는 과시와 같고, 검소하지 않은 생활은 방만하며, 물러설 줄 모르고 앞에만 서고자 하는 사람은 결국 파멸한다.

자애로움을 지니면 싸울 때는 반드시 승리하고, 지킬 때는 상대방이 칠 여유를 주지 않는다. 자애로운 마음은 만물을 비호하는 하늘의 마음과도 같다.

【직역·원문】

하늘 아래 사람들이 모두 내가 너무 커서 말도 안 된다고 빈정댄다. 그러나 오로지 크기 때문에 하찮아 보일 수밖에 없다. 만약 그들 말대로 대단하다면 오히려 보잘것없었을 것이다. 더 말할 나위도 없다. 나에겐 세 가지 보배가 있는데 이를 늘 지니고 지킨다. 첫째는 부드러움, 둘째는 아낌, 셋째는 하늘 아래 앞서지 않음이다. 부드럽기 때문에 용감할 수 있고, 아끼기 때문에 널리 베풀 수 있으며, 하늘 아래 앞서지 않기 때문에 온갖 그릇 중에 으뜸이 될 수 있다. 지금 부드러움을 버리고 용감하려고만 하고, 아낌을 버리고 널리 베풀기만 하려 하고, 뒤를 버리고 앞서려고만 한다면, 그것은 죽음의 짓이다.

대저 부드러움으로써 싸우면 이길 것이요, 그것으로써 지키면 단단할 것이다. 하늘이 장차 사람을 구원하려고 한다면 부드러움으로 그를 막을 것이다.

天下皆謂, 我大, 大而不肖. 夫唯不肖, 故能大. 若肖, 久矣其細也夫. 我恒有三寶, 持而寶之. 一曰, 慈. 二曰, 儉. 三曰, 不敢爲天下先. 夫慈, 故能勇. 儉, 故能廣. 不敢爲天下先, 故能爲成事長. 今舍其慈且勇, 舍其儉且廣, 舍其后且先, 則死矣. 夫慈, 以戰則勝, 以守則固. 天將建之, 如以慈垣之. (제67장)

＊不肖 : 어리석은 사람을 말함.

【언소】

배려와 절약

원문에서 '나'는 '도'를 의인화시킨 것이다. 그 '도'는 세 가지 보물을 지니고 있다고 하는데, 이는 즉 '도'를 깨우친 사람이 이 세상을 살아가면서 가지고 있는 기본적인 원칙이라고도 할 수 있다. 그리고 이 세 가지는 지도자의 자질이기도 하다.

첫째, 자애로움에서 '자(慈)' 라는 한자를 '자애로움' 이라는 의미로 받아들인 것인데, 즉 애정을 가지는 마음이라고 해석할 수도 있다.

이 말을 하면 공자나 맹자 등의 유가에서 주장하는 '인(仁)' 이라는 말이 먼저 떠오를 것이다. '인' 도 애정과 유사한 의미의 말이다.

그러나 묵자(墨子)는 '인' 을 맹렬하게 비판했다. 묵자에 따르면 유가에서 주장하는 '인' 은 우선 자신의 주변 사람들에게 먼저 적용하고, 그 후에 자기와 관계없는 다른 사람을 향한 '인' 을 말하고 있다는 것이 문제라고 한다.

공자나 맹자 모두 원래 의도는 그것이 아니었을지 모르지만 현실적으로는 그렇다. 예를 들어 같은 유교권인 중국 대륙이나 한반도의 사람들이 그렇다. 자기와 관련있는 사람들은 중요시하지만 그렇지 않은 사람들에 대해서는 냉담한 태도를 보인다. '인' 의 사정거리는 의외로 짧다.

묵자는 그 점을 탄식하면서 유가의 '인' 을 편애라고 비판하면서 스스로 무차별적인 '인' 을 주장하여 그것을 '겸애(兼愛)' 라고 했다.

그러한 배경을 생각해 보면 『노자』가 말하는 '자'는 유가가 주장하는 '인'보다는 오히려 묵자가 제창한 '겸애'에 가깝다고 볼 수 있다.

어쨌거나 남의 위에 서는 사람은 '자'의 덕을 갖추어야 하며 그래야만 아랫사람들과 주변 사람들에게 지지를 받을 수 있다.

두 번째, 검소함에서 '검(儉)'의 반대말은 '치(侈)'이다. '치'는 낭비나 사치라는 의미다. 반면 '검'은 검소, 절약 등을 의미한다.

왜 '검'이 중요한가?

사치스럽다면 아무리 풍요로워도 결국에는 파경을 맞을 수밖에 없다. 검소하면 마음은 늘 평안하고 재정에도 항상 여유를 가질 수 있어 '자'를 실행하기에 좋은 환경을 만들 수 있다. 단, '검'이라고 해서 인색하거나 구차한 것을 의미하지는 않는다.

도쿠가와 이에야스[德川家康]는 상당히 알뜰했다고 한다. 당시 사람들은 그를 놓고 인색하다고 말하기도 했다. 이에 대해 『무도초심집(武道初心集)』의 저자 다이도지 유잔[大道寺友山]은 이에야스를 이렇게 변호했다.

"세상에는 절약가, 인색한 사람, 낭비가 세 종류의 사람이 있다. 이 중 절약가와 인색한 사람은 매우 비슷하다. 그것을 구별하는 방법이 있다. 우선, 절약가는 보통 때는 인색한 사람과 비슷해 보이지만 꼭 사용해야 할 때는 아낌없이 쓴다. 이에 반해 인색한 사람은 중대한 일에도 보통 때와 같이 쓰기를 아까워한다. 여기에 커다란 차이가 있다. 이에야스 공은 절약가이지 결코 인색한 사람이 아니다."

그는 절약가였기에 천하의 존경을 받을 수 있었다. 오늘날의 지도자들도 배워야 할 점이다.

세 번째는 '하늘 아래 앞서지 않음' 이다. '선두에 서지 말라', '주제넘게 나서지 말라' 는 말은 지금까지 『노자』에서 계속 강조되어 온 말이다. 일본에도 '튀어나온 말뚝은 맞는다(우리나라 속담에 '모난 돌이 정 맞는다' 는 말과 같은 의미-옮긴이)' 는 속담이 있지 않은가? 섣불리 선두에 나서서 적의 표적이 되거나 우리 편의 방해가 되면 스스로를 망칠 위험이 크다. 그런 위험은 애초에 만들지 않는 것이 좋다. 서툰 계략이나 알 수 없는 공작으로 윗자리에 오르려고 하는 사람일수록 그 끝이 좋지 않은 경우를 많이 볼 수 있다.

그렇다면 어떻게 하면 좋을까?

우선 눈에 띄지 않는 부서에서 실력을 쌓아나가야 한다. 거기서 인정을 받아 윗자리로 가게 된다면 그때 실력을 마음껏 발휘해도 늦지 않다. 그렇게만 한다면 『노자』에서 말하는 이상적인 지도자상에 가까워질 수 있다.